Marianne Pletscher | Konzept, Texte
Marc Bachmann | Fotografien

90plus

mit Gelassenheit

und Lebensfreude

Sieben Frauen, ein Mann und ein Ehepaar erzählen

Limmat Verlag
Zürich

Vorwort **Dr. Roland Kunz**

Chefarzt Universitäre Klinik für Akutgeriatrie
des Stadtspitals Waid in Zürich

Im Zentrum steht
die Lebenseinstellung

Als Geriater bin ich spezialisiert auf die medizinischen Aspekte des Alters. Eine Frage beschäftigt mich dabei immer wieder: Was ist eigentlich normales Altern, und wo beginnt Krankheit? Für mich ist klar geworden, die Antwort darauf ergibt sich nicht primär aus medizinischen Fakten, sondern aus der Lebenseinstellung jedes einzelnen Menschen. Fokussiert jemand mehr auf die Einschränkungen und Verluste oder auf erhaltene Ressourcen und Ziele?

Eine Geschichte aus meinem privaten Umfeld kommt mir dabei in den Sinn, die mich beeindruckt und auf meinem beruflichen Weg geprägt hat, die Geschichte von Hermann.

Hermann hatte als Bauernkind nur wenig schulische Ausbildung genossen, arbeitete zuerst auf dem elterlichen Hof und später jahrzehntelang als Handlanger auf dem Bau. Sein Stolz war, dass er bis zu seiner Pensionierung jeden Graben von Hand schneller aushob als alle jüngeren Kollegen. Nur widerwillig ging er in den «Ruhestand». Deshalb half er nun überall dort, wo seine Fähigkeiten gefragt waren: Er mähte mit der Sense die steilsten Wiesenborde, fällte Bäume und verarbeitete das Holz in ofengerechte Formate. Einmal stürzte er dabei von einem Baum, brach sich das Genick – und ging erst zwei Tage später zum Arzt. Mit frisch verschraubten Wirbeln war er schon bald wieder an der Arbeit. Wegen der abgenutzten und steifen Gelenke konnte er kaum mehr Velo fahren, nur mit einem waghalsigen Sprung schaffte er es noch aufs Rad. Auch mit achtzig stieg er noch regelmässig auf eine industrielle Beton-Förderanlage, um diese am Wochenende zu reinigen. Einmal fand man ihn erst nach zwei Tagen auf der Anlage mit einem Hirnschlag und einer Lungenentzündung. Man diskutierte darüber, ob es nicht besser wäre, wenn er daran sterben könnte – mit seinen Lähmungen würde er nicht mehr arbeiten können. Er überlebte aber auch diese Krise und war fortan bei jedem Wetter mit seinem Rollator draussen beim Gehtraining zu beobachten. Er klagte nie, sprach nur über seine Ziele, die er jede Woche etwas höher ansetzte, und lebte weiterhin gerne!

Mit beruflicher und persönlicher Neugier las ich die Geschichten der «chronologisch alten» Menschen, die Marianne Pletscher portraitiert. Ich war gespannt, ob sich so etwas wie «Lebensrezepte» finden lassen, die zu einem guten Leben im hohen Alter führen. Während dem Lesen kam mir die Geschichte mit Hermann wieder in den Sinn, obwohl er nicht ganz das Alter der Protagonistinnen und Protagonisten dieses Buches erreichte. Der Satz von Vreni Marbacher: «Aber über Gebresten reden ist nicht mein Ding, das interessiert doch niemanden und macht am Ende eher kränker», könnte auch aus dem Mund von Hermann sein. Und Ernst Gerber sagt: «Die Berge werden niedriger, aber die Lust am Laufen bleibt.» Diese Lebenseinstellung bestätigt die Hypothese des Schotten K. C. Calman*, die heute als «Calman-Gap» bekannt ist: Die Einschränkung unserer aktuellen Lebensqualität entspricht der Differenz zwischen unseren Erwartungen und der Realität. Wem es gelingt, die Erwartungen mit dem Älterwerden anzupassen, das halbvolle und nicht das halbleere Glas zu sehen, der erlebt eine bessere Lebensqualität.

Die persönlichen Geschichten dieses Buches illustrieren, was wir unter Altersweisheit verstehen können: das Betrachten der Jugend ohne Wehmut, die Verabschiedung des Leistungsimperativs zu Gunsten des Geniessens und der Gnade des Annehmens. Sätze wie «Ich musste zuerst lernen, dass nicht mehr alles nötig ist. Dass ich jetzt nichts mehr muss, das finde ich grossartig», oder «Jetzt muss ich nichts mehr, nicht kochen, nicht putzen, ich darf nur noch» unterstreichen diese Weisheit wie auch die Gelassenheit, die aus dem Satz hervorgeht: «Ich habe erst jetzt angefangen, wirklich zu geniessen – mir zu erlauben, auch mal den halben Tag rumzuliegen und nichts zu tun, das ist eine Genussfähigkeit, die ich früher nie hatte.»

Die Altersforschung lehrt uns, dass neben einer guten genetischen Mitgift und einem vernünftigen Lebenswandel vor allem eine regelmässige körperliche und geistige Aktivität wichtig sind für ein rüstiges Altwerden.

Wie vielfältig geistige Aktivität sein kann, lernen wir aus den vorliegenden Geschichten. Es geht nicht um organisiertes Gedächtnistraining, sondern um die Auseinandersetzung mit Neuem, um das Engagement für Ziele, die einem wichtig sind, um den Einsatz für andere und die Pflege von Kontakten im sozialen Umfeld. In den sehr persönlichen Fotos von Marc Bachmann kommen genau diese Lebensrezepte zum Ausdruck: Die portraitierten Personen begegnen uns mit Neugier und wachem Geist, in sozialer Teilhabe und Offenheit über die Wohnungstür hinaus, oft in Bewegung. Und was hat mich am meisten beeindruckt? Man sieht und spürt in der Erscheinung, dass diese Menschen sich etwas wert sind auch im hohen Alter.

Trotz all dieser Mut machenden Geschichten von aktiven hochaltrigen Menschen bin ich mir als Geriater aber auch bewusst, dass es viele betagte Menschen gibt, die aufgrund von Krankheiten und Einschränkungen täglich auf fremde Hilfe angewiesen sind. Umso mehr bewundere ich diese, wenn sie trotzdem ihren Lebensmut bewahren und sich am halbvollen Glas orientieren, das Positive in ihrem Leben höher gewichten als die Verluste und nicht mit Neid auf die fitteren Altersgenossen schauen.

Wir werden immer älter, die Zahl der Menschen, die jene magische Grenze von hundert Jahren erreichen werden, steigt laufend. Bis heute reagierte die Politik darauf nur mit der Berechnung notwendiger zusätzlicher Pflegebetten oder nutzte diese Tatsache als Begründung für die steigenden Gesundheitskosten. Das vorliegende Buch macht Mut und fordert heraus, unsere zementierten Vorstellungen von alten Menschen zu revidieren und ein neues Altersbild zu entwickeln.

* K. C. Calman: Quality of life in cancer patients--an hypothesis.
Journal of Medical Ethics 1984; 10 (3): 124–127.

Einleitung **Marianne Pletscher**

Alt werden wie Tante Verena

Ich erzählte der 95-jährigen Hedy Rieser von unserm
zuerst geplanten Buchtitel:
«90plus und gut drauf». Unser Verleger fragte zweifelnd:
«Verstehen das deine Gesprächspartnerinnen?»
Ich fragte Hedy Rieser, sie meinte: «Wir sind doch nicht blöd!»
Ihr hätte der später verworfene Titel sehr gefallen.

Ich war Mitte zwanzig, als ich meine Grosstante Verena kennenlernte. Die Familie hatte sie vorher von mir ferngehalten. Wieso genau, weiss ich nicht. Doch Zitate wie «Die schlägt der Verena nach», liessen darauf schliessen, dass Verena offenbar so rebellisch gewesen war wie ich als junges Mädchen auch. Ob es noch einen konkreteren Anlass gab für die familiäre Ächtung, wollte sie mir nie erzählen. Sie zeigte mir Fotos von sich, als sie in meinem Alter war, wir sahen praktisch identisch aus – ich lernte ein sechzig Jahre älteres Alter Ego kennen.

Verena war bei unserm ersten Treffen 86 Jahre alt, lebte im Altersheim in Bern und hatte sich neu verliebt in einen sieben Jahre jüngeren Mann – sie nannte ihn «meinen Jüngling». Das Heim erlaubte nicht, dass die beiden zusammenzogen, was Verena und ihren Freund zutiefst empörte. Mit meiner Hilfe fanden die beiden eine gemeinsame Wohnung. Beide bereuten, dass sie die meisten ihrer Möbel vor dem Einzug ins Heim schon verkauft hatten. In Brockenhäusern fanden wir ähnliche Möbel wieder, nur moderne Betten kauften wir. Sieben Jahre konnten die beiden ihre späte Liebe noch geniessen, für Verena war es der erste Mann, mit dem sie zusammenlebte. Kurz vor ihrem Tod mit 93 sagte mir Verena, das seien die glücklichsten Jahre ihres Lebens gewesen. Sie starb eines Nachmittags beim Mittagsschläfchen. Kurz vorher soll sie zu ihrem Lebenspartner gesagt haben: «Es isch schön gsi, aber jetzt chömmed immer me Brestene – ich gloube, jitz längets.» An der Beerdigung war ich die Einzige der Familie. Der «Jüngling» starb drei Monate später mit 86 Jahren an einem Herzinfarkt.

An Verena erinnerte ich mich immer dann wieder, wenn ich mit alten Menschen zu tun hatte, sie blieb mein Leben lang ein Vorbild. Jetzt, selbst auch schon über siebzig, denke ich wieder mehr an sie. Wenn ich gesund bleibe und sich mein Geist nicht verwirrt, werde ich vielleicht so alt wie Verena. Ein Gedanke, der mir mehr Angst als Freude macht oder machte, bevor ich mit den Recherchen zu diesem Buch begann. Aber vielleicht habe ich auch wie mein Alter Ego die glücklichsten Jahre noch vor mir?

Wie leben über 90-jährige Menschen? Was sind ihre Gedanken zu Vergangenheit und Zukunft? Warum sind sie so alt geworden, was hätten sie anders gemacht in ihrem Leben? Was haben sie noch für Wünsche und Träume? Fällt es ihnen leicht, kein aktiver Teil der Gesellschaft zu sein, oder sind sie das womöglich noch, einfach ihrem Alter angepasst? Was ist ihre Haltung zum Tod, zum selbstbestimmten Sterben, zum Loslassen oder zum Akzeptieren, was das Leben noch bringt an Positivem und Negativem? Ist Lebenssattheit für sie ein Thema? Stimmt meine These, das die Fröhlichen, Selbstbestimmten auch besser sterben können? Wollen sie hundertjährig werden in der Welt, in der wir heute leben, oder möchten sie vielleicht nochmals leben?

Die in diesem Buch portraitierten Menschen geben keine einfachen Antworten auf diese Fragen, dazu sind sie zu verschieden. Aber so viel habe ich verstanden bei all den Gesprächen: Eine so lange Lebenserfahrung hilft ungemein, ein unverkrampftes Verhältnis zum eigenen Sterben zu finden. Und Zufriedenheit während einem langen Leben hilft, gut zu leben im Alter. Positiv denken kann das Leben offenbar verlängern.

Dieses Buch soll also nicht die Schwierigkeiten der sogenannten Hochaltrigkeit (meinen Gesprächspartnern und -partnerinnen gefiel das Wort gar nicht) ins Zentrum stellen, sondern die Lebensfreude. Nicht die Gebresten, nicht das «Alter als Massaker», nicht die gesellschaftliche Bedeutungslosigkeit der Alten sind das Thema, nicht Gewalt gegen Hochbetagte und alte Menschen als Opfer von Trickdieben, nicht Altersdiskriminierung, nicht

Altersarmut, nicht die Diskussion über die Überalterung der Gesellschaft. Zu all diesen Themen gibt es schon unzählige Publikationen. Der Häufung negativer Altersbilder wollen Fotograf Marc Bachmann und ich in Text und Bild positive gegenüberstellen. Zufriedene, glückliche «90plus»-Menschen sind das Thema. Dass es vorwiegend Frauen sind, erklärt sich daraus, dass Frauen eine bedeutend höhere Lebenserwartung haben. Man sieht ihnen allen ihr Alter an, und es ist ihnen egal, denn sie fühlen sich gut. Sie sind Rollenmodelle, nicht nur für meine Generation, sondern auch für die viel Jüngeren, die vermutlich gesünder und fitter sein werden als die Mehrzahl der Menschen heute, wenn sie mal über neunzig sind. Es liegt auch an unserer heutigen Einstellung und Lebensweise, wie wir die Zukunft sehen und leben. Und Selbstbestimmung hat nicht nur mit Sterbehilfe und Alterssuizid – so wird sie im Zusammenhang mit dem hohen Alter oft definiert –, sondern noch viel mehr mit Lebenwollen zu tun. Aktiv, wenn man Lust hat dazu, ruhend und besinnlich, wenn frau dazu mehr Lust hat. Sich helfen lassen, wenn man es akzeptieren kann, Abhängigkeit abzulehnen, wenn frau das nicht mehr will. Abhängigkeit anzunehmen, wenn sie mit Fürsorge und Liebe verbunden ist.

Die zwei über hundert Jahre alten Personen in diesem Buch empfinden ihr Alter als Privileg. Für mich hat der Gedanke, so alt zu werden, während meiner Gespräche mit den Menschen, die zum grössten Teil weit über neunzig sind, jeden Schrecken verloren. Ich habe aber auch gelernt, dass ich selbst viel beitragen muss, damit ich das hohe Alter so positiv erleben kann wie sie. Eine der portraitierten Personen starb, bevor das Buch ganz fertiggestellt worden ist. Das verändert meine Aussage überhaupt nicht. Sie konnte so sterben und wurde so beerdigt, wie sie es sich gewünscht hat. Sie hat gut und selbstbestimmt gelebt bis zum Schluss. Nicht nur so zu leben wie sie, sondern auch so zu sterben, hat also für mich Vorbildcharakter.

Hedy Rieser

Hedy Rieser *21. Juni 1923

«Viele meiner Frauen im Alterszentrum wollen sterben, vor allem diejenigen mit grossen Beschwerden. Aber ich kann ihnen dabei nicht helfen.» Das sagte Hedy Rieser sehr bestimmt und mit grosser Selbstverständlichkeit an einer Veranstaltung des Gesundheitsdepartements der Stadt Zürich zum Thema «Selbstbestimmtes Sterben». An verschiedenen Tischen tauschten wir – Fachleute aller Art – uns aus. Hedy Rieser war eine von zwei Teilnehmerinnen, die in einem Alterszentrum wohnen, bei weitem die Älteste und eine der Aktivsten der ganzen Gruppe. Sie sagte explizit «meine Frauen», weil sie sich um alle kümmert, denen es schlechter geht als ihr. Diese Haltung der damals quicklebendigen 94-Jährigen faszinierte mich.

Ein knappes Jahr später traf ich sie wieder an einer Veranstaltung der Stadt Zürich, diesmal zum Thema «Soziales Engagement für ein würdiges Alter». Zu diesem Thema hatte sie nicht ganz so viel zu sagen. Da, wo sie jetzt lebe, sei für alles gesorgt. «Aber natürlich», meinte sie bescheiden, «helfe ich allen, die nicht mehr gut zu Fuss sind, schiebe die Leute im Rollstuhl, wohin sie immer wollen, und berate sie bei Problemen.» Ihre Aussagen – sie tönte fast wie eine engagierte Gemeindepolitikerin – und die natürliche Klugheit, gepaart mit der Zufriedenheit und Bescheidenheit, die sie ausstrahlte, führten dazu, dass ich sie unbedingt näher kennenlernen wollte. Der Kontakt mit ihr und Leni Altwegg führte später dazu, dass ich mich zu diesem Buch entschloss.

Kurz nach der zweiten Veranstaltung besuchte ich sie in ihrem kleinen Zimmer im Alterszentrum Buttenau bei Adliswil. Dorthin ist sie vorübergehend mit allen andern BewohnerInnen umgezogen, weil das städtische Zentrum Wolfswinkel, in dem sie alle wohnten, totalsaniert wird. «Die Hirsche und Rehe im Naturpark nebenan sind ja schön, aber die Stadt ist so weit weg. Zu Beginn hat mir das schwer gestunken.» Aber mit ihrem positiven Wesen meint sie, jetzt seien sie alle eben hier, jetzt gelte es, das Beste daraus zu machen. Und sie ist wirklich eine, die immer aus allem das Beste macht. Mit 93 fand sie, jetzt sei es Zeit fürs Alterszentrum. Im Haus, in dem sie vorher wohnte, waren einige Anwohner gestorben, und junge Leute zogen ein. «Die waren zwar hilfsbereit und nett, aber eigentlich nie da. Da habe ich meinen Söhnen erklärt, jetzt sei es Zeit für den Umzug. Die waren vermutlich ganz froh. Gefragt habe ich nicht, ich fälle meine Entscheidungen immer allein.» Schon mit ihrem Vater sei sie so umgegangen, sie habe nie wirklich um Erlaubnis gefragt, sei immer eine Macherin gewesen. Der habe das auch gut akzeptieren können, «er war genauso ein wehrhafter Mensch wie ich».

Ins Alterszentrum wollte sie eigentlich gemeinsam mit einer Freundin ziehen, aber in letzter Minute zog sich diese zurück. Das war aber nicht wirklich ein Problem für Hedy, denn es fällt ihr leicht, Kontakte zu knüpfen. Und dass sie nicht mehr einkaufen und kochen müsse und trotzdem immer etwas Gutes zu essen bekomme, das sei toll. Und noch besser: Gesellschaft habe man immer bei den Mahlzeiten, auch wenn nicht alle gleich kommunikativ seien.

Dass sie so gesund und munter ist mit 95, nimmt sie als eine glückliche Fügung. Ausser einer Blinddarmentzündung sei sie ihr ganzes Leben nie krank gewesen, im Spital war sie nur, als sie die drei Buben geboren habe. Das sei vielleicht genetisch, die ganze Toggenburger Verwandtschaft sei alt geworden, auch ihr Grossvater sei erst mit 95 gestorben. «Oh, ich werde ja auch schon 95! Fast vergessen. Bei mir dauert es jetzt vielleicht noch ein bisschen länger.» Dies sagt sie drei Monate vor ihrem 95. Geburtstag.

«Ich weiss eigentlich gar nicht, wie alt ich bin, ich fühle mich nicht alt, nur als der älteste Sohn pensioniert wurde, merkte ich es kurz. Und erst wenn ich die Enkelkinder anschaue, denke ich, ich sei eigentlich ein altes Grosi, und wenn ich in den Spiegel schaue, gibt es schon ein paar Falten, die mich stören.» Sie empfinde aber alt sein rundherum als positiv, nichts mehr nehme sie besonders ernst und tragisch, nichts mehr belaste sie wie früher. Und das Allerschönste: «Ich kann machen, was ich will, aber ich muss nichts mehr. Gar nichts!»

Das war früher anders, als sie Hausfrau und Mutter war und drei Söhne aufzog. Ihre Ausbildung als Kinderpflegerin empfand sie als die ideale Ausbildung zum Muttersein. Aber arbeiten neben der Ehe kam nicht in Frage, Teilzeitjobs gab es kaum, und junge Mütter arbeiteten nur selten. «Ich war einfach immer da für alle, die etwas von mir wollten, für die Kinder, später auch für die Enkel. Jetzt brauchen sie mich nicht mehr, aber sie kommen trotzdem noch gern.»

Gerne erzählt sie von ihrer glücklichen Jugend, der lieben Mutter, der Schwester, die viel ruhiger und weniger «aufmüpfig» war als sie selbst, dem Vater, der sie immer förderte und auf grosse Velotouren mitnahm.

Dass sie direkt nach der Lehre, während dem Krieg, als Kinderpflegerin nach Locarno zog, das gehört ganz eindeutig zu den Höhepunkten ihres kurzen Berufslebens. Und auch damals hat sie niemanden gefragt und den Vater erst informiert, als sie der Hoteliersfamilie, die sie anstellen wollte, schon zugesagt hatte. Trotzdem schaut sie sich nicht als «emanzipierte Frau» an: «Ich kannte das Wort gar nicht. Aber immer klar meine Meinung gesagt, vor allem meinem Mann, das habe ich schon. Bei den Söhnen ist es anders, denen rede ich nicht drein.» Bei einem späteren Treffen relativiert sie dann die Aussage, sie sei keine Feministin gewesen. Sie erzählt mir empört, dass in der Geburtsurkunde ihres Mannes, die in Kairo ausgestellt wurde, der Name seiner Mutter nicht erwähnt ist, nur der Name des Vaters. «Ich finde das nicht in Ordnung, die Frau gehört doch zum Kind, und in diesem Papier tun sie, als wenn es sie nicht gäbe.» Und noch empörter erzählt sie von einem Bestseller über das 17. Jahrhundert, den sie gerade liest: «Da werden Mädchen von Männern einfach herzitiert zum Liebehaben, ob sie wollen oder nicht. Und die Hebamme im Buch muss vorsichtig sein, dass sie keine Schwierigkeiten bekommt. Also hätte ich damals gelebt, hätte ich sicher aufs Dach gekriegt. Wenn das Feminismus ist, sich über so was aufzuregen, dann bin ich eine Feministin.»

Interessant ist, wie wenige Erinnerungen an den Krieg ihr geblieben sind: «Es gab fast keine Schokolade, das war für mich schwierig.» Dafür erzählt sie eine amüsante Erinnerung an die 68er Zeit: «Mein Mann war Kanzleichef bei der Sicherheitspolizei, er musste viel arbeiten, dreizehn, fünfzehn Stunden pro Tag. Ich drohte ihm, den Wecker abzustellen, damit er nicht aufstehen würde am nächsten Morgen und endlich mal ausschlafen könne. Da hatten wir den einzigen grossen Krach während unserer Ehe.»

Ausser dem Musizieren vermisst sie eigentlich gar nichts. Über dreissig Jahre lang trat sie zusammen mit drei Freundinnen mit einer Musikgruppe auf. Zuerst spielte sie Gitarre, später, als die Finger es nicht mehr zuliessen, Rhythmusinstrumente. Die vier musizierten in Alters- und Pflegeheimen als

«Gruppe Stallbänkli». Erst als sie Mitte achtzig war, hörten sie auf, weil eine von ihnen starb. Oder war sie erst achtzig? Oder gar 75? So genau weiss sie es nicht mehr, und bei einem so langen Leben ist es verständlich, dass ein Jahrzehnt mehr oder weniger nicht so wichtig ist. Diese Auftritte in Alterszentren haben sicher dazu beigetragen, dass sie nie Angst vor dem Heim hatte, im Gegenteil. «Ich kam ins Zentrum und sagte, jetzt mach ich nichts mehr. Und schwupps, vierzehn Tage später sass ich schon im Bewohnerrat. Sie müssen halt die nehmen, die noch können.» Als Bewohnerinnenvertreterin spricht sie fast, als wenn sie Zentrumsleiterin wäre: «Leider kommen die Leute zu spät, wenn sie schon nicht mehr mobil sind oder geistig nicht mehr so gut beieinander.» Ihre Funktion im Rat sieht sie als Vermittelnde zwischen Leitung und BewohnerInnen: «Manche werden stur mit dem Alter oder können sich nicht abfinden damit, im Heim zu sein. Ich hingegen bin zum Geniessen da, ich will jetzt nur noch geniessen.» Aber kaum ist sie unterwegs im Zentrum, fängt sie an zu organisieren und zu helfen. Eine Frau ist gestürzt, sie ruft bei der Pflegeabteilung an. Eine andere findet den Weg in die Cafeteria nicht mehr, sie begleitet sie. Sie will jetzt in der Aktivierungsgruppe – auch dort ist sie Mitglied – dafür sorgen, dass wieder mehr Livemusiker ins Heim kommen, und an eine Lesegruppe hat sie auch schon gedacht. Sie hat eigentlich immer Besuch, oft von alten Freundinnen, oft auch von den Söhnen und Enkeln, und noch öfter von andern Heimbewohnerinnen. «Die Leute kommen gerne, ich bin eben eine, die gern ‹schnädered› und immer etwas zu erzählen weiss. Ich liebe Menschen, und ich liebe Besuche.»

Nur spazierengehen muss sie meist allein, denn kaum eine andere Zentrumsbewohnerin ist noch so gut zu Fuss wie sie. Aber das stört sie nicht. Sie macht fast täglich allein eine halbstündige Runde. «Man trifft unterwegs immer Leute, mit denen man reden kann. Mir ist einfach nie langweilig.» Klar, ihr Leben sei ruhiger geworden, das habe auch damit zu tun, meint sie, dass sie schneller müde werde als früher. Doch mit Turnen am Morgen, mit Lesen, Schwatzen, Essen und Spazieren ist der Tag schnell ausgefüllt.

Übers Sterben redet man im Heim ihrer Meinung nach viel zu selten. «Das sind dann mehr so Seufzer wie: ‹Wenn ich doch gehen könnte.› Aber die meisten haben keine Ahnung, wie. Ich sage ihnen dann, sie müssten halt mit ihren Kindern und mit dem Arzt reden.» Sie selbst hat sich längst bei Exit[1] angemeldet. «Ich hoffe, ich brauche es nicht, aber ich will nicht monatelang im Bett liegen und mich wie ein Kleinkind behüten lassen. Da bin ich ein Feigling. Wenn es Zeit ist, ist es Zeit. Ich hatte ein schönes Leben, ich kann morgen gehen. Meine Söhne wissen das, sie wissen auch, dass ich mir nicht dreinreden lasse und spätestens dann gehen will, wenn ich nicht mehr allein zur Toilette kann. Und der Arzt weiss es auch.»

Ihr Mann starb vor zehn Jahren an Krebs. Sie hat ihn lange gepflegt, bis es nicht mehr ging. Für ihn war Exit nie ein Thema, dabei wollte er schon lange sterben. «Die Zeit während der Chemotherapie war für uns beide eine Katastrophe. Es war die einzige schlimme Zeit in meinem Leben. Ich wollte später auch lange gar nicht wahrhaben, dass er nicht mehr da ist.»

Möchte sie hundert werden? «Nicht unbedingt, morgen ins Bett gehen und nicht mehr aufwachen, das wär mir auch recht. Aber solange ich noch da bin, mache ich einfach das Beste aus meinem Leben. Ich bin eigentlich noch ganz gesund, etwas schwerhörig und niedriger Blutdruck, das kann man ja nicht wirklich als krank bezeichnen. Nur müder als früher, das bin ich schon.»

Über Lebenssattheit und Alterssuizid hat sie sich auch schon Gedanken gemacht, denn sie ist eine emsige Zeitungsleserin: «Ich habe auch hie und da genug, aber ich denke, wenn ich ein so langes gesundes Leben geschenkt bekommen habe, kann ich es nicht wegwerfen. Und dann macht es auch immer wieder viel Spass. Ich treffe meine Freundinnen, wir spielen zusammen Karten, alles ist wieder gut.» Sogar über Sterbefasten hat die extrem gut informierte alte Dame schon nachgedacht: «Das käme wohl in Frage, wenn es mir ganz schlecht geht und es mit Exit nicht klappt. Mein Mann hat ganz am Schluss aufgehört zu essen und zu trinken. Aber solange ich noch gern in die Stadt gehe und dort Cremeschnitten esse, ist das kein Thema.»

Auf die Frage nach Wünschen und Träumen beginnen ihre Augen zu leuchten: «Ja, reisen würde ich schon noch gerne. Wenn ich einen Prospekt sehe, über Griechenland zum Beispiel, dann möchte ich grad los. Aber dann muss ich zugeben, dass das nicht mehr geht, die Kraft fehlt. Vor zwei

Jahren war ich das letzte Mal im Tessin in den Ferien. Dass man Menschen, die man gernhat, nicht mehr treffen kann, das ist schade. Doch die meisten sind sowieso schon tot. Ich kann wenigstens immer noch mit dem Bus nach Zürich, auch wenn ich nachher müde bin. Man hat schon vieles verloren, wenn man so alt ist wie ich. Aber man hat auch vieles gewonnen. Das absolute Geniessen zum Beispiel.» Sagt's und erzählt, dass sie organisieren will, dass fünfzig ihrer Lieblingscremeschnitten ins Heim geliefert werden. «Denn die ganz leckeren wie in Zürich gibt's hier nicht.»

1   Siehe den Text «Das Leben verlassen – selbstbestimmt sterben» auf Seite 242.

«Ich will nur noch geniessen.»

«Wenn ich in den Spiegel schaue,
gibt es schon ein paar Falten,
die mich stören.»

«Ich kann machen, was ich will,
  aber ich muss nichts mehr.
  Gar nichts!»

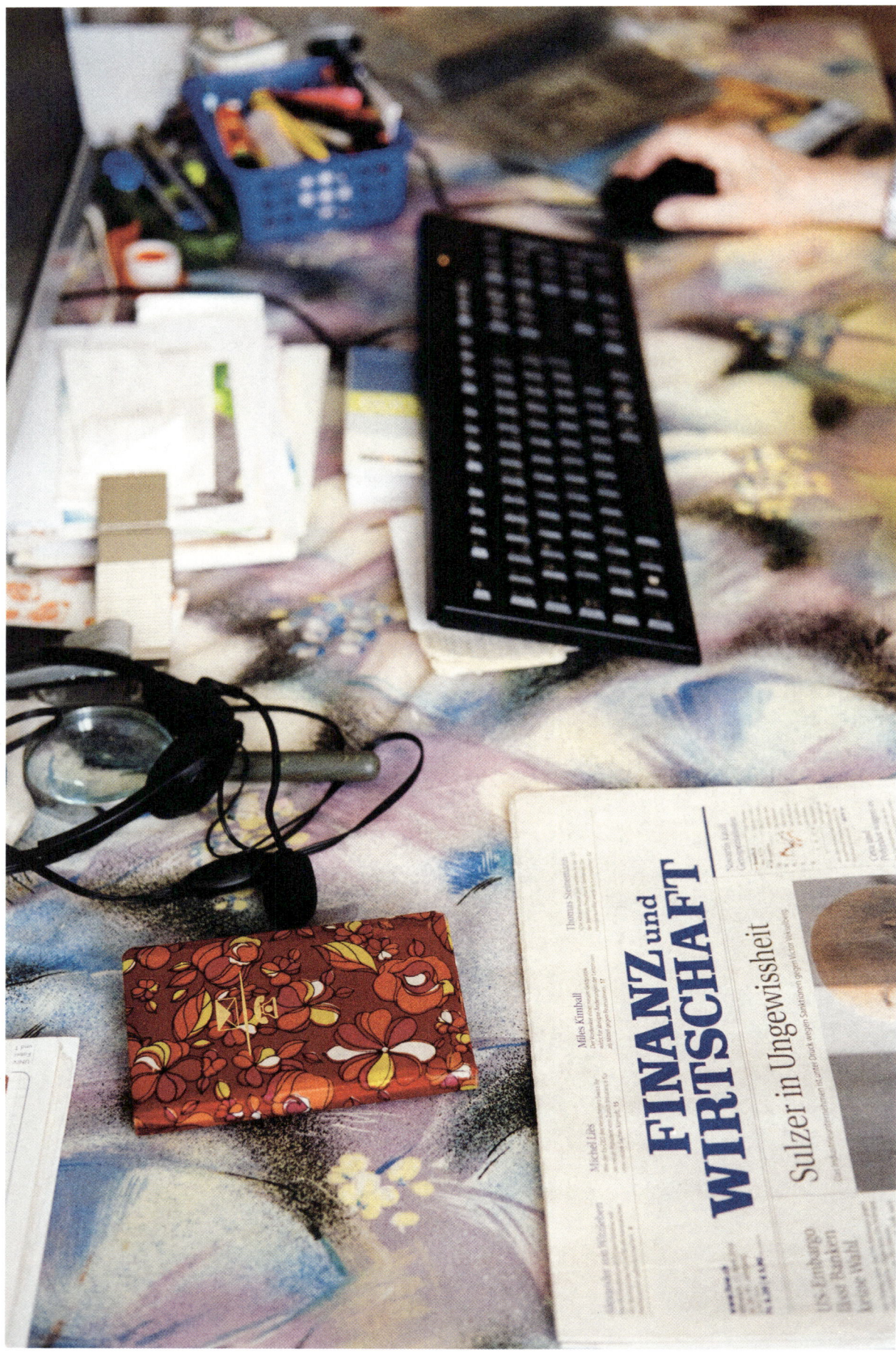

Johanna Fischer

Johanna Fischer *24. August 1927

Mit sicherem, schnellem Schritt eilt Johanna Fischer durch die Gänge des Pflegezentrums Käferberg in Zürich. Heute ist Singmorgen, und einige der teilnehmenden Bewohnerinnen und Bewohner brauchen ihre Hilfe, um rechtzeitig mit ihrem Rollstuhl oder Rollator zur Cafeteria zu gelangen. Der Anlass findet wöchentlich statt. Damit die Teilnehmerinnen ihn geniessen können, sind Johanna und ihre Kolleginnen vom Freiwilligenteam da. Johanna ist topfit und beschwingt. Sie kommt direkt aus dem Wärmebad nebenan, jeden Mittwochmorgen turnt sie dort im warmen Wasser gemeinsam mit einer fröhlichen Gruppe Seniorinnen und stimmt sich so auf den Tag ein.

Neunzig Personen arbeiten als Freiwillige in diesem Pflegezentrum. Die Betreuerin der Gruppe sagt über Johanna, sie sei eine leidenschaftliche Helferin, schaue auch zum Team und kenne ihre Grenzen. Menschen wie sie seien Gold wert. Freiwillige Helferinnen gibt es in der Schweiz Tausende[1]. Vor allem nach der Familienphase oder der Pensionierung stellen sich viele Frauen zur Verfügung, um sich in Spitälern, Alterszentren und Pflegezentren nützlich zu machen.

Aber eine Einundneunzigjährige, die in einer tollen Wohnung völlig selbständig lebt und einen grossen Teil ihrer Zeit Schwächeren hilft, indem sie diese irgendwohin begleitet oder ihnen sogar die Steuererklärungen macht, das dürfte in der ganzen Schweiz einmalig sein. «Ich tue das sehr gerne, und man bekommt immer mehr zurück, als man gibt. Ich fing dort an, weil ich nach dem Besuch des Aquacura im Wärmebad eine Freundin besuchte. Diese traf ich jeweils in der Singstunde. Als später auch meine frühere Coiffeuse als Bewohnerin in den Käferberg kam, betreute ich sie und sah, dass sie dort immer freiwillige Helferinnen brauchen. Jetzt mache ich das schon seit mehr als zwanzig Jahren. Es sind so auch echte Freundschaften entstanden. Nur manchmal, wenn wieder jemand gestorben ist, dann tut das weh. Daran gewöhnt man sich nie.» Johanna Fischer ist keine Frau der grossen Worte, dafür von einer unkomplizierten Herzlichkeit und Selbstverständlichkeit im Umgang mit den oft viel jüngeren Zentrumsbewohnerinnen, denen sie zur Seite steht. «Manchmal, wenn sie realisieren, dass ich viel älter bin als sie, dann sind sie schon etwas deprimiert. Ich würde es jeder gönnen, dass es ihr so gut ginge wie mir.» Sagt's und eilt zur nächsten Person, die auch noch zum Singen geholt werden muss.

Helfen war für Johanna ihr ganzes langes Leben selbstverständlich, auch ihrer Mutter stand sie lange Zeit nach dem Tod des Vaters bei. Fast jedes Wochenende besuchte sie sie und machte sich im «Stöckli» und Garten des Bauernhauses der Familie nützlich. Sie wundert sich, dass ich ihr Engagement toll finde. Bei meinem ersten Besuch meinte sie, sie sei gerade etwas überlastet, weil sie neben der Hilfe im Pflegezentrum Käferberg noch in einem andern Alterszentrum Menschen besucht, ihnen vorliest, und eine andere Freiwillige, die nicht mehr so mobil ist, zur Erzähl- und Musikstunde bringt. Denn sie fährt noch ganz selbstverständlich Auto. Das ärztliche Gutachten, das Menschen über siebzig bis vor Kurzem benötigten, war nie ein Problem.

«Ja, im Moment habe ich grad Stress, weil ich noch mehr Sachen angenommen habe, aber ich mache ihn mir ja selbst (sie lacht). Ich helfe einfach, solange es geht. Eigentlich wollte ich abbauen, aber das ist schwierig. Ich bin gesund, kein Cholesterin, kein Zucker. Nur auf den Blutdruck muss ich achten, und im Knie habe ich eine leichte Arthrose.»

Johanna lebt in einer schönen Viereinhalbzimmerwohnung zusammen mit einer Kollegin, die erst achtzig ist und noch sechzig Prozent als Buchhalterin arbeitet. Die beiden kennen sich schon sehr lange, sie wohnten vorher in einer Genossenschaftswohnung zusammen. Diese bewohnte Johanna vorher zwölf Jahre mit Onkel und Tante. Nachdem ihre Verwandten gestorben waren, musste sie eine Mitmieterin aufnehmen oder ausziehen. Die neue Wohngemeinschaft mit der jüngeren Kollegin funktionierte gut. Deshalb suchten die beiden später gemeinsam eine Wohnung, in der sie für die Zukunft gewappnet wären, falls es ihnen einmal nicht mehr so gut gehen sollte. Ihnen war wichtig, dass die Wohnung rollstuhlgängig ist, mit Lift, dass eine Bushaltestelle, ein Briefkasten und ein Einkaufszentrum in der Nähe sind. Der gemeinsame Haushalt läuft rund, sie kauft ein, kocht und wäscht, die Kollegin putzt und bügelt. Johanna hat Leben, Wohnen und Beziehungen immer virtuos gemanagt. Und so soll es auch bleiben, findet sie.

Aufgewachsen ist Johanna auf einem Bauernhof, verheiratet war sie nie. «Ich wollte meine Freiheit. Meine Mutter sagte uns zwei Mädchen immer, wenn wir es schön haben wollten im Leben, sollten wir nie heiraten. Ich dachte, eine Ehe dauert dann das ganze Leben, das ist nichts für mich.

Scheidung war damals noch kein Thema, die Ehe war etwas Solides. Ich fand, das sei ein zu grosses Risiko.» Ihre Schwester hingegen hielt sich nicht an die Empfehlung der Mutter, deshalb hat Johanna Fischer jetzt auch Nichten und Neffen, die sie fast als eigene Kinder betrachtet. Als Feministin bezeichnet sie sich nicht, als emanzipiert schon. «Ich habe einfach immer gern getan, was ich wollte, ich habe auch immer viel gearbeitet.»

Sie wollte eigentlich Lehrerin werden. «Von der ersten bis zur letzten Schulklasse hatte ich nur diesen Wunsch. Doch dann fanden meine Eltern heraus, dass es im Aargau bereits 157 stellenlose Lehrerinnen und Lehrer gab.» Welche Enttäuschung, wie weiter? «Während der ganzen Schulzeit war ich die Kleinste in der Klasse, also war Luftveränderung die Lösung. Innerhalb von zwei Wochen wurde für mich ein Platz in einem Institut im Welschland gefunden. Nach dieser einjährigen ‹RS für Mädchen› wie wir es nannten, musste ich zu Hause ein halbes Jahr auf dem Bauernhof die Magd ersetzen. Frühmorgens um 4.30 Uhr aufstehen und Gras rechen war hart. Erst dann durfte ich in Zürich die Handelsschule besuchen. Nach dem Abschluss hätte ich gerne Medizin studiert, aber ich war die Älteste von fünf Kindern. Ich fand, ich könne doch nicht die ganzen finanziellen Reserven der Familie für mich aufbrauchen. Ich war auch ein ‹Finöggeli›, deshalb traute man mir eine so lange Ausbildung gar nicht zu.» Nach der Handelsschule arbeitete Johanna bei Tante und Onkel im Restaurant, sowohl im Büro wie am Buffet, und entschloss sich, nachdem diese in Pension gingen, ganz aufs Büro zu wechseln. Dann verbesserte sie während drei Monaten in einer Klosterschule in England ihre Sprachkenntnisse. In der Schule sprachen die Schülerinnen untereinander nur deutsch. Deshalb entschied sie sich, gegen Kost und Logis bei einer Familie zu leben. Sie lernte schnell und konnte später Englisch in ihrem Beruf sehr gut gebrauchen.

Männer spielten damals durchaus eine Rolle in Johannas Leben: «Ins Restaurant kamen viele jungen Burschen, mit denen wir nach Feierabend oft Karten spielten, meine Cousine fand dort ihren Mann. Ein Inder, ein Textildesigner, dem ich das Menu übersetzte, wollte mich unbedingt heiraten, schrieb mir von England aus lange Briefe, und telefonierte immer wieder. Ich ging auch mal mit dem einen oder andern ins Kino oder wandern. Aber ich war nie längerfristig interessiert.» Trotzdem war sie kein Kind von Traurigkeit und erinnert sich mit Vergnügen an das fast tägliche «Old Time Dancing» in England und die Freundinnen, die ihr aus dieser Zeit immer noch geblieben sind. Als ich ihr von einer andern Interviewpartnerin erzähle, die sich mit über achtzig verliebt habe, meint sie: «Das gäbe mir zu viel zu tun, wenn ich das auch noch hätte. Ich möchte auch keinen Hund, da ist man so angebunden.»

Johanna blieb dann ihr ganzes Leben kaufmännische Angestellte, spezialisiert auf Einkaufs- und Verkaufskalkulationen in der Kälte- und Klimabranche, und wurde dort eine ausgewiesene Fachfrau. Zahlen und logisches Denken faszinierten sie schon immer. «Ich war 57, als der Computer eingeführt wurde, aber das ging sehr gut.» Mit 67 hat sie dann aufgehört zu arbeiten, zu einer Zeit, als Frauen noch mit 62 die AHV bekamen. «Später, mit 68, kaufte ich einem Bekannten einen Computerkurs ab, den er gewonnen hatte. Im Kurs war ich die Älteste, aber das war kein Problem, ich konnte noch ganz viel Neues lernen, was für mein grosses Hobby, das ‹Börselen›, wichtig war.»

Schon früh, als junge Frau mit zwanzig, hat sie ihre ersten Aktien auf der Bank gekauft. Als ihr Bruder dann den Bauernhof der Eltern übernahm und renovieren wollte, verkaufte sie die Aktien wieder, mit Gewinn natürlich, und half, den Bau von Bad und Waschküche zu finanzieren. Und seither hat sie das Kaufen und Verkaufen von Wertschriften nicht mehr losgelassen. Nur geht sie jetzt nicht mehr zur Bank, sie sitzt am Computer und macht alles selbst. Wirklich angefangen mit diesem Hobby hat sie in der Krise der 1970er Jahre auf Rat einer Institutsfreundin, die mit einem Wirtschaftsprofessor verheiratet war. Und zwar handelt sie nicht nur für sich selbst, sondern auch für enge Freunde oder Verwandte. Hat sie Erfolg damit? «Ja, es geht immer rauf und runter, aber ich bin mehr im Plus als im Minus. Und wenn mir niemand dreinredet, bin ich am erfolgreichsten.» Auf die Frage, ob sie eine Spielernatur sei, meint sie. «Eigentlich schon, aber ich gehe nur bei meinen eigenen Aktien Risiken ein, für andere riskiere ich weniger. Und Angst habe ich schon gar keine, es gab schon manchen Crash, und es kam immer wieder gut.» Sie zeigt uns eine Liste von vierzig Titeln, deren Verlauf sie ständig verfolgt. «Ich drucke die Listen aus und studiere sie im Bett. Da kommen mir die besten Ideen.»

Angst hat sie auch keine, was ihre nähere und fernere Zukunft betrifft. Zuerst erzählt sie von ihrer durchstrukturierten Woche: «Alle zwei Wochen am Montag Bibelgruppe, am Dienstag Frauengottesdienst, am Mittwoch Wassergymnastik, dann zum Helfen ins Pflegezentrum. Jeden zweiten Donnerstag Wäsche und am Freitag Coiffeur und Besuch in einem anderen Alterszentrum. Dazwischen all die vielen kleinen, nicht programmierten Hilfsdienste. Ja, am Wochenende hätte ich eigentlich frei, aber ...» Sie zuckt mit den Schultern und lacht, erwähnt später auch, dass sie am Sonntag ebenfalls in die Kirche gehe. Sie zu erreichen ist oft schwieriger als den Direktor eines grossen Unternehmens, immer ist sie unterwegs. Auch die Vorstellung, dass sie später mal hilfsbedürftig werden könnte, schreckt sie nicht. «Irgendwie wird es immer gehen. Es gibt die Spitex, es gibt die Pro Senectute. Wir haben beschlossen, wir wollen nicht ins Heim, wir bleiben in dieser Wohnung. Es gibt auch noch den Mahlzeitendienst. Aber wenn ich dann fremde Hilfe brauche, dann möchte ich lieber der Vollendung entgegengehen. Das Leben sollte doch noch eine gewisse Qualität haben.» Johanna ist sehr religiös und hat deshalb nie an Exit gedacht. «Ich denke, der liebe Gott wird schon einen Weg finden, dass alles gutgeht. Meine Mutter freute sich sogar auf den Tod, sie dachte, sie habe es schöner im Paradies. Ich glaube auch an das Jenseits, aber solange ich wirken kann, muss ich noch nicht das Zeitliche segnen.»

Sie interessiert sich sehr für Politik. «Ich wählte und stimmte früher immer für die CVP, heute eher die EVP, weil die CVP die christlichen Grundsätze und Werte nicht mehr so ausgeprägt vertritt.» Auch Sport interessiert sie, sie schaut auch gern mal einen Tennis- oder Fussballmatch im Fernsehen. Früher, als es noch kein Fernsehen gab, hatte sie genug andere Hobbys. Porzellanmalerei zum Beispiel, wandern und immer wieder singen. Das sie gern singt, sieht und hört man auch im Pflegezentrum Käferberg. Wenn sie dort neben ihren Schützlingen sitzt, singt sie aus voller Kehle mit und kennt viele Strophen der populären Lieder auswendig.

Eigentlich hat sie schon einiges aufgeben müssen. Skifahren in Davos und Langlaufen im Goms zum Beispiel liebte sie früher sehr. «Als ich umfiel und Mühe hatte mit Aufstehen, zuerst die Skier ausziehen musste, gab ich es auf.» Sie lacht, es scheint ihr nicht schwerzufallen, alles habe seine Zeit. Auch das Loslassen geht Johanna rational an. Angesprochen auf Wünsche und Träume erzählt sie, wie gern sie früher gereist sei. «Italien war mein Lieblingsland. Badeferien an der Riviera, Wanderferien im Südtirol und in der Toskana, Erholung am Gardasee, Besuche bei meiner Patentochter in Süditalien, Opernbesuche in der Arena von Verona, Badekuren in Abano. Dabei konnte ich von meinem Italienisch profitieren.» Doch jetzt hat sie keine Lust mehr auf grosse Reisen. Ferien, ja das mache sie noch gerne, in einem Kurort zum Beispiel, wo man laufen und Wassergymnastik machen könne.

Dass ihr die Lust aufs Reisen vergangen ist, hat auch wieder mit ihrer Rücksichtnahme auf andere Menschen zu tun: «Wenn man so alt ist, weiss man nie, was passiert, und man möchte doch niemandem zur Last fallen.» Sie erzählt dann doch begeistert von einer Australienreise mit ihrem Bruder, die eigentlich der Grund war, dass sie sich «frühzeitig» pensionieren liess. Zusammen besuchten sie einen Cousin, der leider auch gestorben sei.

Johanna hält sich gerne fit, sie hat an einem Vortrag erfahren, dass man zwischen sechzig- und achtzigjährig sechzig Prozent der Kraft verliere. «Da habe ich anschliessend gefragt, wie es dann nach achtzig damit aussähe. Dazu gibt's noch keine Studie! Ich denke, die Wassergymnastik hilft. Ich trage nach dem Einkaufen auch immer das Mineralwasser, sechs Anderthalbliterflaschen. Die neun Kilo mag ich gut ins und aus dem Auto heben, das ist auch Training.»

Viele Menschen, mit denen sie jahrelang Mailkontakte pflegte, Menschen, mit denen sie beruflich oder aus andern, früheren Hilfstätigkeiten Kontakt hatte, zum Beispiel Ordensschwestern in Zimbabwe, sind jetzt gestorben. Wenn sie davon erzählt, entsteht ein kurzer Moment von Melancholie. Aber ihre Lebensfreude und Lebenslust sind ungebrochen. Zwar sagt sie, sie sei nicht mehr so begeisterungsfähig wie früher. Nur um dann mit grosser Begeisterung zu erzählen, wie sehr sie die Archäologie, zum Beispiel in Ägypten, interessiere. «In Luxor gefiel es mir sehr, und jetzt soll es dort noch mehr Gräber geben! Immer wieder finden sie neue Kultstätten. Das wäre auch ein Beruf für mich gewesen! Ausgraben und schauen, wie die Leute früher gelebt haben!»

Sie strahlt dabei und sagt es doch ohne Bedauern. Sie lebt in der Gegenwart, ihre Wissbegier ist immer noch riesig. «Das Leben ist so spannend, alle Tage wird etwas Neues erfunden, auch die medizinische Forschung interessiert mich sehr.»

Langweilig wird es ihr nie. Sie liest Bücher aus aller Welt, und da wartet auch immer wieder der Computer. Die Börsenkurse müssen kontrolliert werden. Ganz nebenbei sagt sie: «Ich mache auch für viele ältere Freunde und Bekannte Steuererklärungen. Sieben sind schon gemacht, drei warten noch. Ich mache das wahnsinnig gern.» Und sie pflegt ihre Freundschaften, bis zu siebzig Briefe schreibt sie jedes Jahresende.

Und etwas vom Schönsten für Johanna: Ihre Nichte sage immer: «Du bist mein Vorbild, so wie du möchte ich einmal werden.» Die Nichte war es denn auch, mit der zusammen sie diesen Text genau durchlas und korrigierte. Es sollte kein falscher Eindruck über sie und ihr Leben entstehen.

1   Nach Angaben der Schweizerischen Gemeinnützigen Gesellschaft
     ist in der Schweiz jede zweite Person über fünfzehn Jahren
     freiwillig tätig.

«Solange ich wirken kann,
  muss ich noch nicht das
  Zeitliche segnen.»

«Wenn ich dann fremde Hilfe brauche,
wäre es mir lieber, sofort der
Vollendung entgegenzugehen.»

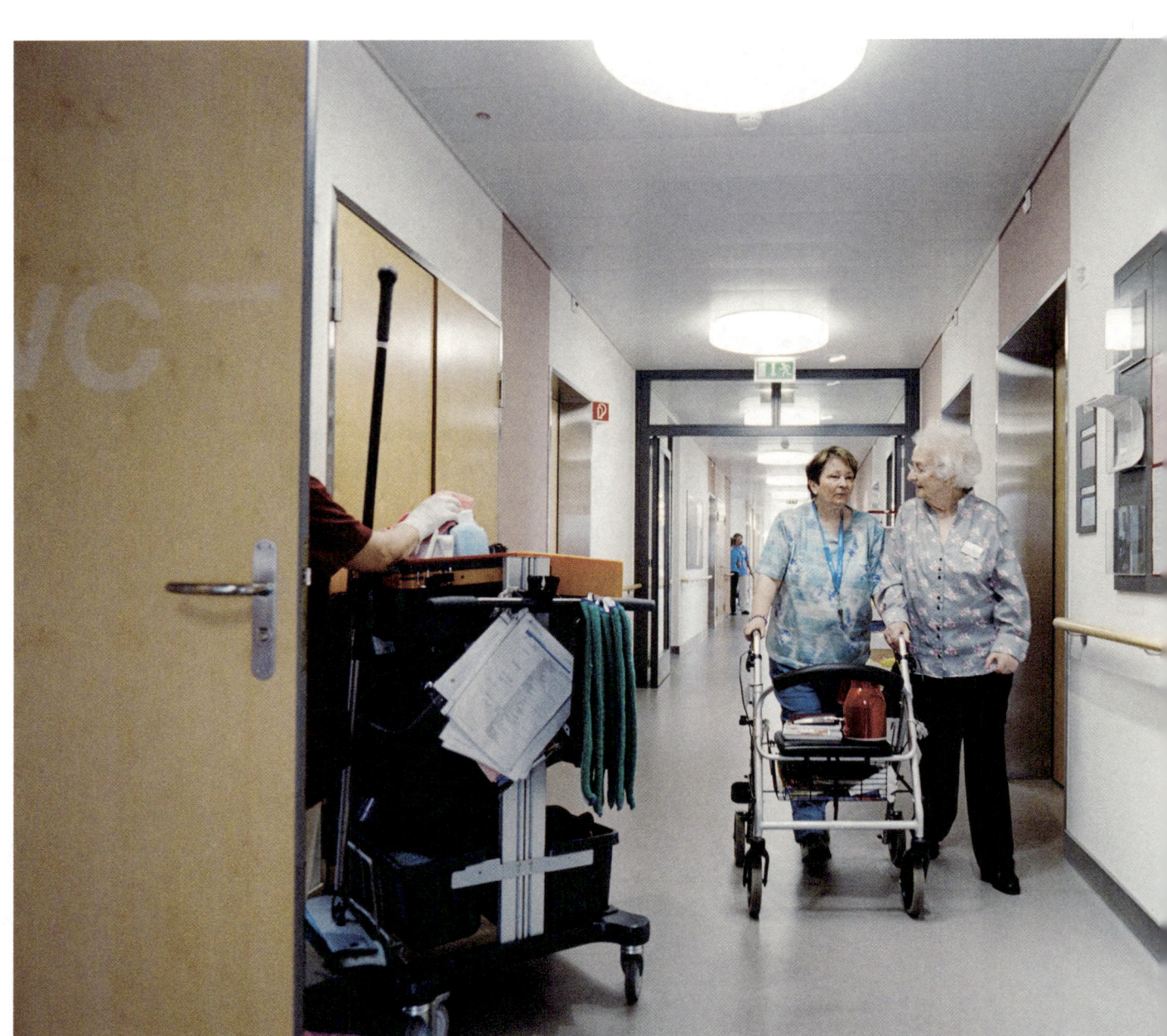

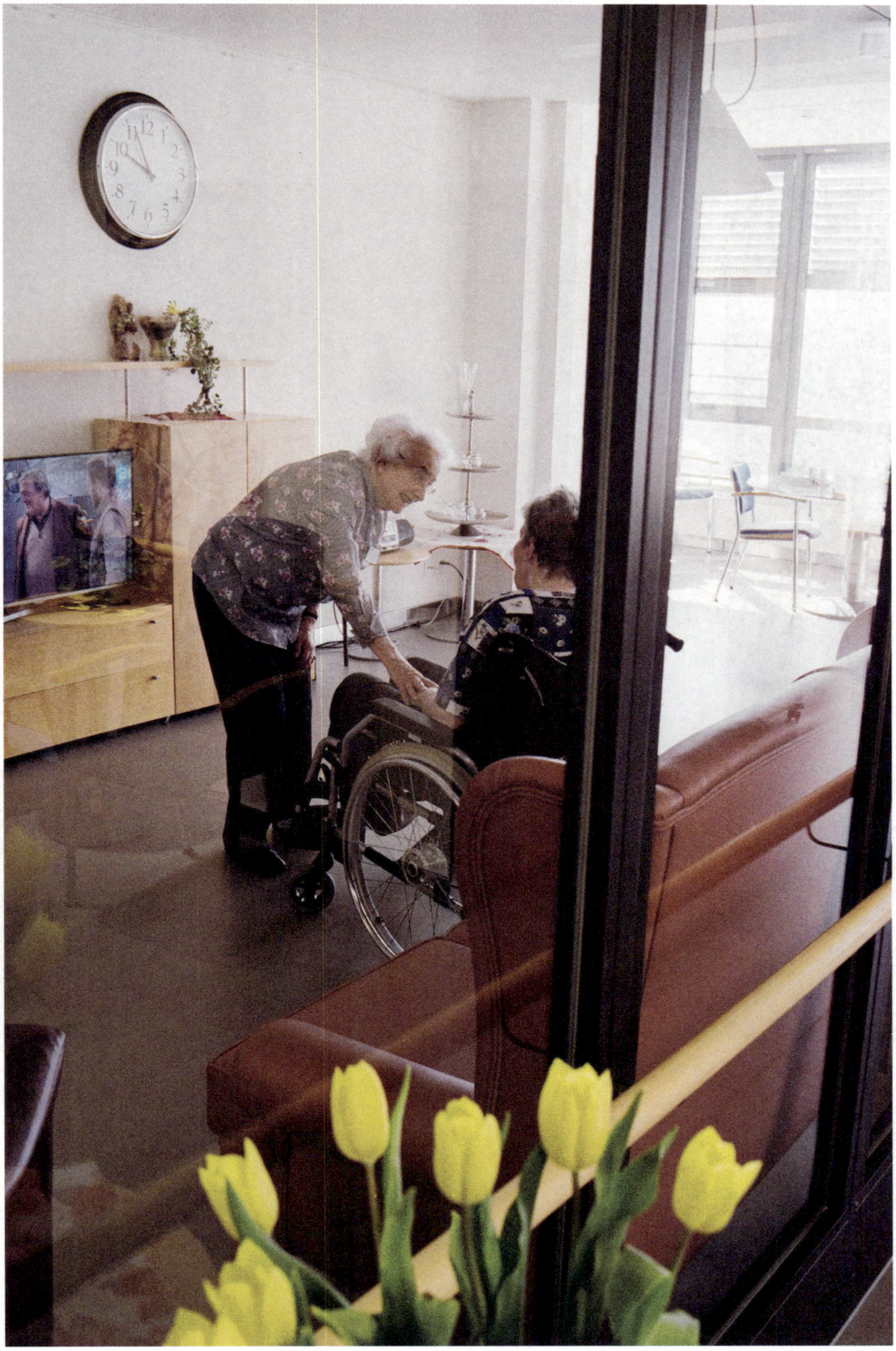

Silvana Lattmann

Silvana Lattmann *8. November 1918

«Die Liebe», sagt sie, «ist das Wichtigste im Leben. Die Liebe zu den Menschen, aber auch zu den Dingen. Es ist nicht immer nötig, wiedergeliebt zu werden, die Liebe kann ganz für sich allein stehen, sie erfüllt mit ihrer Kraft die Welt und uns Menschen. In meinem Alter muss man auch den eigenen Körper lieben, ihm Sorge geben.» Silvana Lattmann ist kurz vor unserm ersten Gespräch gestürzt und hat immer noch Schmerzen. Aber sie ist wach, luzide, neugierig. «Der Mensch kann nicht unbegrenzt altern», sagt die ausgebildete Biologin, «man spricht jetzt davon, dass ein Alter von 105 oder 110 möglich ist. Wir wissen nicht, was mit dem Homo sapiens noch alles passieren wird. Wir haben es vom Einzeller bis zum Primaten geschafft, aber wir wissen immer noch nichts über unsere Herkunft und wenig über diesen Planeten. Wichtig ist aber, dass man sich selber kennenlernt.»

Das erste Gespräch mit der Schriftstellerin und Malerin findet fünf Monate vor ihrem hundertsten Geburtstag statt. Ihr neues Buch heisst «Nata il 1918» (Geboren 1918)[1]. Im November 2017 hat sie es in der Zentralbibliothek Zürich vorgestellt. Es handelt sich um einen autobiografischen Roman, der mit dem Jahr 1942 endet. Mit einem zweiten Buch, das von den Kriegsjahren 1942 bis 1945 handelt, hat sie bereits angefangen. 1942 ist das Jahr, das ihr Leben geprägt hat wie kein anderes, denn damals starb ihr Ehemann, als sie im sechsten Monat schwanger war. Der Schmerz war so gewaltig, dass sie ihn im Buch nicht beschreiben kann. Er wird lediglich durch den Schrei einer Freundin wiedergegeben, deren Ehemann ebenfalls im selben Kriegsereignis ums Leben kam. Die beiden jungen Männer gehörten zur Besatzung eines U-Boots, das von den Engländern versenkt wurde. Besser als mit diesem «Nicht-Beschreiben» können Kriegshorror und persönlicher Schmerz nicht ausgedrückt werden. In ihrer Erinnerung ist der junge U-Boot-Ingenieur Michele präsent, wie wenn er erst gestern gestorben wäre.

Das Buch schildert die ersten 24 Jahre im Leben der jungen Frau in einer Mischung aus sehr persönlichen Erinnerungen, Gedichten, individueller und kollektiver Geschichte. Es ist gleichzeitig eine Biografie und ein faszinierendes Geschichtsbuch über die italienische Mittelklasse der Zwischenkriegsjahre und über die ersten Jahre des Zweiten Weltkriegs sowie das faschistische Italien. Vordergründig Nebensächliches wie Examensängste oder Liebeskummer stehen neben Ereignissen der Weltgeschichte. «Ich habe mein Leben lang Tagebuch geführt», sagt Silvana, «deshalb sind meine Erinnerungen so klar, ich kann alles nachlesen.» Und so erzählt sie einerseits von ihrer Kindheit, dem früh verstorbenen Vater und ihrem Leben als junger, begabter Frau, die viel krank war und doch mit eiserner Disziplin ihr Doktorat in Biologie machte, andererseits in Zitaten aus Briefen an ihren Michele die aufregende Zeit der ersten Liebe, der Verlobung und der Heirat in einer Zeit, in der Italien geprägt war von Totalitarismus und Krieg. Immer wieder kommt auch eine Frau aus einer armen Familie vor, «Tata» genannt, die von Silvanas Mutter als ganz junges Mädchen aufgenommen wurde, sie stand Silvana bis an ihr Lebensende immer zur Seite. Das Buch zeigt, wie spannend und selektiv Erinnerung funktioniert. «Das Gedächtnis ist eine komplexe Region mit Höhlen, Strassen, Wiesen und Gebüsch», schreibt sie. Immer wieder beschwört sie in Prosa und in Gedichten die Angst vor dem Krieg, vor Bomben, vor unsicheren Unterschlüpfen in unheimlichen Kellern. «Kämpfen gegen den Krieg ist mein Lebensthema», sagt Silvana, «seit ich Schriftstellerin geworden bin, kämpfe ich mit der Feder, andere Mittel habe ich nicht. Aber ich habe so intensiv gekämpft, dass ich eigentlich den Friedensnobelpreis verdient hätte», meint sie mit einem Augenzwinkern. «Am liebsten schreibe ich Gedichte.» Sie schenkt mir ein kleines Bändchen[2] mit wunderbaren Gedichten, die sich mit dem heutigen Kriegsgeschehen auseinandersetzen. Dieses Gedicht möchte sie gerne veröffentlich haben:

In Syrien färbt der Mansch der Toten
Ohne Asche sich gelb. Wer wird
Das Klopfen des Flamencoschuhs brauchen
Um den Augenblick von jedem
Weichen Wort abzukratzen?
Wer wird auf Antlitze und Augen
Fremd nun dem Himmelblau
Ein schwarzes Siegel setzen?

«Es gibt nichts Dümmeres als den Krieg», sagt Silvana. «Heute ist die Situation möglicherweise noch schlimmer als damals. Und immer sitzen alle Mächtigen nachher zusammen und diskutieren. Aber man muss sich vorher zusammensetzen, nicht nachher. Trump und Kim Jong Un sprechen über Atombomben, ist denn das noch menschlich?»

Die junge Witwe musste nach dem Tod ihres Mannes während dem Zweiten Weltkrieg allein für ihren kleinen Sohn Massimo sorgen. Sie arbeitete als Assistentin und Forscherin am Zoologischen Institut in Mailand und an der Meeresbiologischen Station in Neapel, später in Rom. Als sie beruflich in St. Gallen zu tun hatte – sie nahm dort am Institut Rosenberg an der italienischen Sektion Prüfungen in Naturwissenschaften ab –, lernte sie ihren zweiten Mann, Charles Lattmann, kennen, der das Institut leitete und später Professor für Betriebswirtschaft an der HSG (Universität St. Gallen) wurde. Seit 1954 lebt Silvana in der Schweiz. 16 Jahre nach Massimo kam Silvanas Tochter Alexandra zur Welt. Silvana spricht noch immer mit italienischem Akzent Deutsch. «Mein Mann wollte immer italienisch mit mir sprechen, so war es schwierig für mich, gut Deutsch zu lernen. Heute bereue ich es, dass ich nachgegeben habe. Aber meine Kinder, Enkel und Urenkel sind alle zweisprachig.»

Während der Zeit in St. Gallen unterrichtete Silvana italienische Arbeiterinnen in Kultur und Geschichte. «Die Frauen hatten so wenige Chancen im Leben gehabt, dabei waren sie sehr interessiert und intelligent. Ich liebte diese Arbeit, und die Frauen liebten mich. Ich habe mich immer für die Arbeiterschicht interessiert, eben weil unsere Hausgehilfin Tata so wichtig war in meinem Leben. Sie starb in St. Gallen praktisch in meinen Armen. Sie war für mich und meinen Sohn Massimo eine wichtige Figur. Erst als sie tot war, konnte ich auch über sie schreiben.»[3]

1978 begann Silvanas Karriere als Schriftstellerin. Fast gleichzeitig fing sie mit Zen-Meditation im Lasalle-Haus in Bad Schönbrunn beim bekannten Zen-Meister Niklaus Brantschen an. «Das war für mich eine wunderbare Gelegenheit, mich selbst kennenzulernen, meine Fehler, meine Schattenseiten, meine Stärken. Meditation ist eine sehr gute Lebensschule, sie hat meine Persönlichkeitsentwicklung und die Selbsterkenntnis enorm gefördert. Ich bin dankbar, dass ich das machen konnte. Wer weiss, vielleicht hat das mitgeholfen, dass ich so alt geworden bin. Jetzt kann ich nicht mehr so lange sitzen. Die Gebresten des Alters sind schwer zu akzeptieren, ich vergesse vieles, und ich sehe fast nichts mehr. Aber ich muss es annehmen, muss gut sein zu meinem Körper.»

Die Liebe. Immer wieder kommt sie darauf zurück: «Es gibt nicht genug Liebe auf der Welt, leider, denn mehr Liebe könnte die Menschen weiterbringen. Aber die Liebe ist auch nichts Einfaches, wir machen alle viele Fehler. Doch vielleicht bin ich ja auch so alt geworden, weil ich zu lieben verstehe, wer weiss.»

Seit Charles Lattman 1995 verstorben ist, lebt Silvana allein, hat sich aber in den letzten Jahren für alles, was sie braucht, Hilfe organisiert. «Jeden Morgen kommt eine Haushälterin vorbei, die aus Mazedonien stammt. Sie ist eine fantastische Frau, wir helfen uns gegenseitig, eine echte Beziehung ist entstanden.» Und Erjona aus Albanien, die sehr gut Italienisch spricht, hilft mir beim Schreiben. Als das neueste Buch[4] im Herbst 2017 herauskam, habe ich mir zu viel zugemutet. Ich war dauernd unterwegs. In der Zürcher Zentralbibliothek eine Lesung, dann an der Buchmesse in Mailand eine Lesung, dann ging es nach London und dann nach Elba. Das war viel zu viel. Wahrscheinlich bin ich deshalb vor kurzem gestürzt, ich hatte nicht mehr genug Kraft.»

In Elba verbringt sie jeweils die Sommermonate im Haus, das sie mit ihrem Mann hat bauen lassen. Es gehört jetzt ihren Kindern. «Ich habe nie daran gedacht, wieder fest nach Italien zu ziehen. Ich musste ja sogar die italienische Staatsbürgerschaft aufgeben, als ich geheiratet habe. Später hätte ich sie zurückhaben können, aber da war ich ja schon achtzig und sagte mir, was soll's, ich sterbe ja bald. Das ist jetzt zwanzig Jahre her.» Sie muss lachen, als sie daran denkt, wie sie ihr Altern falsch eingeschätzt hat. Sie lacht öfters, nur leider tut ihr dann alles weh vom kürzlichen Sturz. «Zum Glück war nichts gebrochen, aber ich war rundherum blau.» Sie setzt sich in einem bequemeren Sessel, damit sie mir noch etwas länger erzählen kann.

Silvanas Wohnung erzählt eine siebenhundertjährige Geschichte. Sie wohnt seit zwanzig Jahren in einer Zweizimmerwohnung in einem mittelalterlichen Haus in der Zürcher Altstadt. Eine Wand ist mit Fresken bedeckt. Sie sind zwar verblasst, aber trotzdem sind Bilder und Reste von hebräischen

Inschriften gut zu erkennen. Als sie die Wohnung erstmals besichtigte, waren die Wandmalereien noch nicht entdeckt. Erst im Rahmen der Renovation kamen sie ans Licht. Sie sollten durch eine Holzabdeckung geschützt werden. Silvana wehrte sich dafür, dass diese sichtbar bleiben konnten, wollte mit deren lebendiger Ausstrahlung leben. «Ich habe mich durchgesetzt, einmal mehr in meinem Leben. Allerdings habe ich einen Teil der Restaurierung bezahlt, denn die Stadt Zürich hatte kein Geld mehr dafür.» Vor allem faszinierte sie das Bild einer Reiterin auf Falkenjagd, das sie an ein eigenes Bild erinnerte, das sie sieben Jahre vor ihrem Einzug ins mittelalterliche Haus mit einem fast identischen Motiv in ähnlichen Farbtönen gemalt hatte. Die Recherchen der Archäologen ergaben eine unglaubliche Geschichte, die sie ebenfalls in einem Büchlein festgehalten hat. Es heisst «Brunngasse 8»[5] und erzählt Leben und Tod der jüdischen Familie ben Menachem, die damals im Haus wohnte. Sie bestand aus der Mutter Minna und ihren zwei Söhnen, Mordechai, einem bedeutenden Geldverleiher, und Moshe, einem berühmten Rabbiner. Die Malereien schmückten einen Empfangs- und Repräsentationsraum. Als die Pest 1349 in Zürich wütete, wurden die Juden dafür verantwortlich gemacht. Man warf ihnen vor, die Brunnen vergiftet zu haben. Die meisten wurden verbrannt, so vermutlich auch die Familie ben Menachem. Einmal mehr hat Silvana von Gewalt und Tod erfahren und das Schicksal des Pogroms an den Zürcher Juden empört sie noch immer. «Seit ich hier wohne und diese blutige Geschichte kennengelernt habe, lebe ich mit der Gewalt, die seinen früheren Bewohnern widerfahren ist», schreibt sie in ihrem Büchlein, das sie im hohen Alter von 92 publiziert hat. Es ist hochemotionell und beschreibt, wie sie sich seit ihrem Einzug in diesen historischen Mauern immer wieder mit der Geschichte des Hauses und seiner ersten Bewohner befasst hat, sich oft gefürchtet hat, schlecht geträumt hat. Ihre eigene Geschichte, die eigenen Gewalterfahrungen im Krieg und das Schicksal der ermordeten Familie überlagern sich:

«Manchmal zeigt das Zimmer Ecken, die plötzlich, aber fahl hervortreten, zu Boden fallen, dort liegenbleiben und dann zum Vergessen neigen. Ich finde dort Spinnweben und eine grosse Unordnung. Sie sind farblos. Wenn ich das Zimmer zufällig und ohne Absicht betrete, empfinde ich Schmerz. Die Ecken wirken auf mich wie wehrlose Räume, und ich bezichtige mich der Sorglosigkeit ... In einem von spärlichem Licht erleuchteten Winkel sehe ich meine Mutter. Sie sitzt in einem Schaukelstuhl und hält ein Aquarellalbum in Händen. Ich betrachte sie aufmerksam. Sie ist jung. Ihre Haare sind hochgesteckt unter dem breitkrempigen Hut. Der Arm stützt die Hand mit der Champagnerflasche, die Mutter für die Taufe gegen den Schiffsrumpf werfen soll.»

Mit der ermordeten Besitzerfamilie identifizierte sie sich so stark, dass sie nach Jerusalem reiste, um deren Wurzeln zu spüren. «Brunngasse 8» ist ein spannendes, poetisches Büchlein. Wie alle andern Bücher von Silvana ist es nicht auf Deutsch übersetzt worden. Nur in einer Anthologie sind zwei kleine Gedichte auf Deutsch erschienen.[6] Sie hofft, dass sich bald ein Verleger für die deutsche Version des Büchleins findet, schliesslich wurde sie auch erst vor kurzem für einen Film über ihr Haus und seine Geschichte interviewt. Und dass nur wenige Einheimische diese Geschichte kennen, findet sie skandalös. «Die Zürcher müssen wissen, was passiert ist, das gehört zur DNA dieser Stadt.»

Wir brechen das Gespräch ab, weil Silvana müde wird. Sie plant Ferien auf Elba und wird sich anschliessend bei mir melden. Dann, einige Wochen später, erreicht mich die schlimme Nachricht, dass sie aufgrund eines offenen Magengeschwürs notfallmässig ins Spital eingeliefert werden musste. Ich befürchte das Schlimmste. Doch glücklicherweise konnte sie nach einem Pflegeheimaufenthalt wieder nach Hause zurückkehren. Dort haben wir das abgebrochene Gespräch fortgesetzt.

Ich nehme zum nächsten Gespräch den Fotografen bereits mit, weil ich Silvana nicht zu sehr belasten möchte. Aber dann, welche Überraschung, steht sie strahlend in der Tür, ist mobiler und lebhafter als beim letzten Besuch, dazwischen auch etwas nachdenklicher. «Ich könnte tot sein, ja, aber etwas ist in mir drin, eine starke Lebenskraft. Ich nehme es einfach als Geschenk an. Ich könnte heute Nacht sterben, das wäre auch gut. Ob ich hundert werde oder nicht, ist mir nicht wichtig, ich bin zufrieden mit meinem Leben. Vieles kann ich nicht mehr machen, malen zum Beispiel. Schauen Sie nur meine Hände an! Aber ich habe auch Bücher mit meinen Bildern veröffentlicht. Einige hängen hier an der Wand, andere in Elba. Ich war Autodidaktin, das

Malen kann ich gut sein lassen. Es bleibt ja etwas zurück. Aber das Schreiben kann ich nicht aufgeben. Das nächste Buch würde ich gerne noch fertig machen. Ich brauche aber Hilfe, denn der Computer ermüdet mich stark. Gott hat mir eine grosse Familie gegeben (sie strahlt und lacht). Die Familie ist das Beste, was ich habe. Und alle wohnen in der Nähe! Zu meinem 99. Geburtstag haben sie mich mit einem Riesenfest überrascht. Aber gerade der Familie zuliebe muss ich jetzt noch viele Sachen in Ordnung bringen, denn man sollte am Ende des Lebens keine Last für die Zurückbleibenden sein. Ist das alles getan, dann kann ich gehen, am liebsten wusch, ab wie ein Vogel.»

Dann zeigt mir Silvana, was sie noch alles in Ordnung bringen will, unter anderem ihre grosse Bücherwand. «Wissen Sie niemanden, dem ich das alles schenken könnte?» Sie öffnet den Schrank mit den eigenen Büchern, von vielen schenkt sie mir eines. Wie viele Bücher hat sie in ihrem Leben geschrieben? Sie weiss es nicht mehr, es ist nicht wichtig. «Nichts ist wichtig und alles ist wichtig. Zen! Vielleicht werde ich auch hier ausziehen, denn die steile Treppe macht mir immer mehr zu schaffen und vor einem erneuten Sturz habe ich Angst. Aber eigentlich lasse ich alles einfach geschehen, ich lebe jetzt von einem Tag zum andern.»

Sie hat sich dann doch für einen Wohnungswechsel entschieden. Kurz bevor dieses Buch in Druck ging hat sie ihren Haushalt aufgelöst und lebt jetzt in einem kleinen Alters- und Pflegeheim für betagte Personen – ohne steile Treppe.

1   Edizione Casagrande, Bellinzona, 2017.
2   Silvana Lattmann: «il grido», Josef Weiss, Privatdruck, Mendrisio 2016.
3   Silvana Lattmann: «Le storie di Ariano», Nuove edizioni Vallecchi, Florenz 1980.
4   Edizione Casagrande, Bellinzona, 2017.
5   Silvana Lattmann: «Brunngasse 8», Edizioni Interlinea, Novara 2010.
6   «Moderne Poesie in der Schweiz», Limmat Verlag, Zürich 2014.

Das Gedicht auf Seite 66 und die Textstellen aus «Brunngasse 8» wurden von Markus Hediger aus dem Italienischen übersetzt.

«Kämpfen gegen den Krieg
ist mein Lebensmotto.»

«Der Mensch kann nicht
unbegrenzt altern.»

Leni Altwegg

Leni Altwegg *28. Mai 1924

«Ihr Mittelalten habt keine Ahnung, was in unserem Alter die grössten Probleme sind.» Es war fast eine kleine Publikumsbeschimpfung, die Leni Altwegg, eingeladen als «echte Hochaltrige» an einem Kongress zum Thema «Hohes Alter zwischen Sinnerfüllung und Sinnverlust» in den vollen Saal rief. Ich war fasziniert von ihrer Rede und erinnerte mich: Vor fast vierzig Jahren hatte ich sie erstmals getroffen, als aktives und sehr engagiertes Mitglied der Anti-Apartheid-Bewegung. Schon damals konnte sie sich empören, jede Form der Ungerechtigkeit war ihr ein Graus.

Ich bat sie später, zu einem Buch, das ich plante, einen Text über Demenz zu schreiben. Der Satz «Ich empfinde es als Übergriff, wenn fremde Hände mich ungefragt packen und mir helfen wollen, man traut mir nicht mehr zu, dass ich selber auf mich aufpassen kann», beeindruckte mich zutiefst. Weiter schilderte sie in diesem Text ihre Reaktion auf einen Film zum Thema Demenz, den sie am selben Kongress gesehen hatte: «Ein Zukunftsbild, das mich in die Arme von ‹Exit› treiben würde – rechtzeitig wohlverstanden!» Worte, die man von einer protestantischen Theologin nicht unbedingt erwarten würde. Allerdings war Leni ihr ganzes Leben lang unkonventionell, und ihre geistige Fitness beeindruckt heute genauso wie früher. Sie schrieb weiter: «Ich kann mich recht gut abfinden mit der Abnahme des Gedächtnisses. Mit dem Denkvermögen hat das Gedächtnis wenig zu tun, und das Erstere ist bei mir intakt, ich finde es sogar eher klarer als früher.» Dieser Text brachte mich auf die Idee, mit Personen wie Leni, die im hohen Alter so viel zu sagen haben, ein Buch zu veröffentlichen.

Leni ist auch körperlich trotz Schmerzen und steifen Gliedern recht fit. Seit sechs Jahren lebt sie in einer Seniorenresidenz, in einer geräumigen Eineinhalbzimmerwohnung mit Kochgelegenheit. Hier fand sie Platz für ihre Lieblingsmöbel, Bett, Esstisch, Ruheecke und Schreibtisch. Fotos ihrer Familie und die ihr wichtigsten Bücher stehen im dreiteiligen Regal, darunter mehrere Bibeln. «Der Moment war gekommen, meine Dreieinhalbzimmerwohnung und die vielen Bücher loszulassen. Jetzt muss ich nichts mehr, nicht kochen, nicht putzen, ich darf nur noch.» Sie weiss das Privileg, das die komfortable Residenz bietet, zu schätzen. Sie macht sich Frühstück, kocht selten etwas Kleines, isst meist mittags im gediegenen Speisesaal und geniesst den

Luxus. «Man wird da als Mieterin angesprochen, nicht als Insassin oder Patientin, man behält die Würde, und das ist sehr wichtig.» Leicht ironisch sagt sie: «Selbständig wohnen in einer Residenz ist eben schon etwas Besseres als in einem Heim. Aber leider können sich das nicht alle leisten.»

Leni Altwegg, Tochter eines Primarlehrers, hat Theologie auf dem zweiten Bildungsweg studiert, nachdem ihr klar geworden war, dass der Beruf als Laborantin sie nicht ausfüllte. «Vorher lag Studieren finanziell für mich einfach nicht drin. Einer meiner Brüder sagte immer, ich werde Arzt und gehe zu Albert Schweitzer, und du kommst dann mit als Krankenschwester. Er hat mir auch immer zu verstehen gegeben, ich sei nicht sexy.» Das führte zu einem Gefühl der Unterlegenheit, das sie erst viel später feministisch einordnen konnte. Vorerst lebte sie ein konventionelles Leben, war mit 27 verlobt und ist stolz, dass sie die Verlobung auflöste. «Erst viel später wurde mir bewusst, dass ich weniger gegen den Mann, sondern gegen den Status des Verheiratetseins rebellierte.» Als sie Pfarrerin in Schlieren wurde, staunte sie noch, wie viel Aufsehen das erregte, ihr war nicht bewusst, dass sie 1965 als eine der ersten Frauen in der Schweiz im Pfarramt eine kleine Sensation war. «Ich fand es immer lustig, dass ich Pfarrerin sein durfte und noch nicht mal das Stimmrecht hatte.» Damals war sie Mitglied der Evangelischen Volkspartei EVP, nicht zuletzt deshalb, weil die Partei die Frauen ernst nahm und sie intern auch abstimmen liess. «In Schlieren waren damals viele in der EVP, die sich nicht in die SP trauten, ich gehörte auch dazu.» Sie nahm am Anfang ihrer Amtszeit die Mutter und für die ganze Zeit seines Lebens den behinderten Bruder zu sich, insgesamt 23 Jahre lang, auch als sie später Pfarrerin in Adliswil wurde. Weil damals alleinlebende Pfarrerinnen oft schief angeschaut wurden, vermutet sie, dass diese familiäre Unterstützung viel zu ihrer Akzeptanz in den Gemeinden beitrug: «Das machte mich irgendwie ungefährlich.»

Die Frage, ob sie wegen der Betreuung des Bruders nicht geheiratet habe, verneint sie. «Nein, es war da schon zu spät – ich habe nicht immer zölibatär gelebt, aber ich glaube, ich hatte auch kein besonderes erotisches Talent. Kurze Zeit tat es mir weh, nicht verheiratet zu sein, aber das ist längst vorbei. Eine Zeitlang hatte ich auch noch eine Beziehung mit einem jüngeren Mann. Es hat dann doch nicht sein sollen.»

In Adliswil trat sie dann aus der EVP aus. «Die waren so rechts, es war nicht zum Aushalten. Alle meinten dann, ich sei in der SP, aber ich bin kein partei-politischer Mensch, Parolen vertreten liegt mir nicht.» Eigentlich wurde sie nur aus Zufall Pfarrerin, weil sie etwas «Soziales, etwas mit Menschen» suchte. Im Theologiestudium interessierten sie primär die Philosophie, die Altphilo-logie und die Archäologie. Später liebte sie aber den Beruf auch deshalb, weil er ihr klare Strukturen gab, und das liege ihr. «Doch heute bin ich der Mei-nung, die Kirche sei ein Auslaufmodell. Ich bin ein durch und durch unlitur-gischer Mensch, ich bräuchte für die Religion keine Zeichen und Rituale. Es mag seltsam tönen, aber am meisten liebte ich Abdankungen, da kommt man den Menschen am nächsten. Allerdings musste ich immer aufpassen, dass ich nicht weinen musste, wenn ich über eine mir nahestehende Per-son sprach – ich bin so nahe am Wasser gebaut. Einmal gab mir die Toch-ter eines Verstorbenen, den ich sehr liebte, ein Valium, damit ich durchhielt, ohne in Tränen auszubrechen. Von da an nahm ich bei Abdankungen oft Beruhigungstabletten.»

Ihre wahre Karriere hat sie nebst der Pfarreitätigkeit in Gremien wie den Frauen für den Frieden und dem Evangelischen Frauenbund gemacht. Dort wurde sie mit feministischer Theologie konfrontiert, auch mit feminis-tischer Bibeldeutung. «Das fand ich phantastisch, auf diese Art interpretiert interessierte mich die Bibel viel stärker als früher. Immer häufiger erlebte ich Theologie im Zusammenhang mit soziologischen und historischen Einsich-ten als eine zutiefst menschliche Wissenschaft.» Dank dem Evangelischen Frauenbund fand sie dann auch zum Thema, das über Jahrzehnte ihre Pas-sion war: die Anti-Apartheid-Bewegung. Sie wurde eingeladen als Delegierte des Reformierten Weltbundes in Nairobi. «Ich kam mir wie ein ‹Nüteli› vor im hochkarätigen Gremium der Schweizer Delegation. Mein Emanzipations-prozess begann nachher.» Sie wollte näher bei den Problemen der Betroffe-nen sein und flog allein nach Südafrika weiter, eingeladen vom Christlichen Institut für Rassenfragen. Im Gegensatz zu den eher konservativen weissen Delegierten des Weltbundes traf sie hier auf engagierte Anti-Apartheid-Akti-vistinnen aller Hautfarben. «Die absolute Rassentrennung war ein Schock für mich, ich durfte auch nirgends allein hingehen, schwarz war gleich gefährlich, und wie die Leute auf der Schweizer Mission über die Schwarzen sprachen, war grauenhaft.» Als 1974 die Schweizer Anti-Apartheid-Bewegung gegründet wurde, war sie selbstverständlich dabei und wurde zu einer zentralen Figur der sehr aktiven Gruppierung. Sie reiste insgesamt fünfzehnmal nach Südafrika, und ihre Wohnung stand immer offen für Gäste, sie nannte sie das «Hotel Südafrika». «Das Einzige, was mir nicht gefiel, war das Demonstrieren, das war mir ein Schreck. Was ich liebte, war das Informieren der Leute, das Erzählen von meinen Besuchen in den Slums, von den tollen schwarzen Menschen, die ich getroffen hatte. Denn meine Interessen entwickelten sich immer sehr stark über Beziehungen.» Wegen ihres Engagements in der Anti-Apartheid-Bewegung durfte sie ein paar Jahre nicht mehr nach Südafrika reisen und wurde von der Schweizer Bundespolizei fichiert.[1] «Als mich Jürgmeier in sein Buch über ‹Staatsfeinde›[2] aufnahm, in dem ‹Fichenopfer› (so nennt Jürgmeier die fichierten Menschen) portraitiert wurden, war das für mich eine wichtige Bestätigung, dass ich auch als Linke wahrgenommen wurde. Ich hatte immer eine Tendenz, meine Rolle zu unterschätzen. Auch das ganze Südafrika-Engagement ist fast aus einem Zufall entstanden, wie vieles andere in meinem Leben. Wenn es für mich einen persönlichen Gottesbeweis gibt, dann ist es mein Leben, es wurde immer irgendwie gelenkt. So vieles ist ohne mich oder sogar gegen mich passiert, und es kam alles richtig gut raus. So einen Satz hätte ich vor zehn Jahren noch nicht sagen können, das ist eine völlig rationale Alterserkenntnis.»

Südafrika prägt ihr Leben noch heute. Sie informiert sich weiterhin, auch wenn die letzten Jahre mit dem korrupten Präsidenten eine riesige Enttäuschung waren und bis jetzt mit dem neuen Präsidenten erst leise Hoffnung auf bessere Zeiten aufkommt. Viele ihrer sozialen Kontakte stammen noch aus jenen Jahren. Mit einer Frauengruppe hat sie regelmässig sogenannte Arbeitsblätter zu Südafrika herausgegeben, auch als das «Neue Südafrika» bereits Realität war. «Der Kampf und die Aufklärungsarbeit waren ja nicht zu Ende. Aus dem Verkaufserlös dieser Arbeitsblätter konnten wir regelmässig Frauen aus Südafrika in die Schweiz einladen. Und das Schöne ist, wir treffen uns immer noch, die Verstorbenen haben wir durch Neue ersetzt, auch viele jüngere Frauen sind dabei.» Bedingt durch ihr reiches Leben hat

Leni einen grossen Freundeskreis. «Den habe ich gepflegt, und zwar zum Teil sehr bewusst. Im letzten Jahr, in dem ich nicht mehr so viel ausging, hatte ich wahnsinnig viel Besuch.»

Als ich sie ein halbes Jahr vor dem ersten Gespräch für dieses Buch zu einer Aufführung eines Theaterstücks aus Südafrika einlud, lehnte sie ab: «Ich bin viel schneller müde als früher, und das ist nicht nur physisch, es hat auch mit mangelndem Interesse zu tun. Ich war immer kunstinteressiert, weil man das halt so zu sein hat. Und jetzt bin ich alt genug, um mir zuzugeben, dass mich Konzerte, Theater und Ausstellungen gar nicht mehr so extrem interessieren. Ich verschwende jetzt nicht mehr so viel Kraft an Sachen, die zweitrangig sind. Das hat eben auch damit zu tun, dass ich viel klarer denken kann. Ich musste zuerst lernen, dass nicht mehr alles nötig ist. Dass ich jetzt nichts mehr muss, das finde ich grossartig.» Sie ist dann später doch nochmals mitgekommen, zur Aufführung eines Theaterstücks über Namibia. Ich hatte extra ein Stück ausgewählt, das auch für Schwerhörige empfohlen wurde. Leni meinte anschliessend: «Es war schön, aber wirklich das letzte Mal. Weisst du, es geht nicht nur ums Hören. Es liegt nämlich nur ganz wenig am Gehör, sondern an der Leitung! Die ist so verlangsamt, dass das Gehirn die empfangenen Impulse nicht in nützlicher Zeit verarbeiten kann. Meine Akustikerin hat mir recht gegeben, als ich bei der ersten Untersuchung sagte: Das liegt nicht den Ohren, sondern am Gehirn. Das hat nichts mit Intelligenz zu tun – nur mit dem Tempo der Verarbeitung.»

Den neunzigsten Geburtstag bezeichnet Leni Altwegg als den bei weitem wichtigsten Jahrzehntewechsel in ihrem Leben. Kurz davor lag sie schwer krank im Spital, hatte nach einer Operation grosse Schmerzen. «Ich dachte, Gottfriedstutz, ich will eigentlich nicht mehr, wie lange dauert das bloss noch. Und erinnerte mich daran, dass ich Mitglied der Sterbehilfeorganisation Exit bin. Ich rief meine Nichte an, ihr Mann kam sofort vorbei, und ich bat ihn, mit Exit Kontakt aufzunehmen. Er sagte seelenruhig, das sei kein Problem, er könne mich begreifen. Und schon war der Druck weg, ich beschloss, das Wochenende noch abzuwarten. Und dann war der Wunsch zu sterben wieder vorbei. Ich konnte dann meinen Geburtstag, den ich vorher organisiert hatte, mit Zauberkünstler und allem, was dazugehört, richtig geniessen.

Ich glaube, es war das gelungenste Fest, das ich je organisiert habe. Und heute, mit 94, geht es mir viel besser als damals.»

Exit und Theologin? Für Leni Altwegg ist das kein Widerspruch. «In erster Linie ist es für mich eine Versicherung, das zeigt mein Verhalten im Spital. Gott könne das nicht zulassen, sagen viele. So ein Schmarren! Wenn Gott den Freitod ausschliessen würde, müsste man im Grunde auch die Schmerzbekämpfung verbieten, die Schmerzen kämen dann auch von ihm, so wie alles Gute ebenfalls. Aber so denke ich nicht, dachte ich nie. Je näher ich mich mit der Idee ‹Gott› befasste, desto schwieriger wurde es, über ihn zu reden.»

Anders denkt sie über den freiwilligen Alterssuizid, ein Thema, mit dem sie sich auch intensiv auseinandergesetzt hat: «Ich glaube schon, dass man es erlauben sollte. Aber es passt nicht in meinen Vorstellungskreis. Man muss einen Grund haben, sich umzubringen, man kann mit dem Leben nicht so liederlich umgehen und es einfach wegschmeissen. Vielleicht wenn man alleinstehend und einsam ist, ist das anders. Ich habe ja immerhin noch Nichten und Neffen. Ich möchte mit einem Suizid auch andern Leuten keinen Schuldkomplex verursachen. Ich bin manchmal schon auch lebenssatt und möchte gehen, andererseits ist meine Lebenslust viel grösser, seit ich so alt bin. Es ist mir viel klarer, wer ich bin. Lange hat die Beziehung zu mir selbst sehr viel Unsicherheit beinhaltet. Jetzt bin ich selbstsicherer, und das trägt viel zu meiner Lebensfreude bei. Ich habe erst jetzt angefangen, wirklich zu geniessen – mir zu erlauben, auch mal den halben Tag rumzuliegen und nichts zu tun, das ist eine Genussfähigkeit, die ich früher nie hatte. Früher musste ich mich immer an meiner Leistung messen. Aber hundert werden will ich bestimmt nicht. Ich war vor kurzem an der Beerdigung einer hundertjährigen Freundin, die selbstbestimmt aus dem Leben geschieden ist. Das hat mir sehr imponiert. Auch dass sie sich neben den üblichen Abdankungsschlagern ‹z'Basel a mim Rhy› und ‹s'Ramseyers wei go grase› gewünscht hat, fand ich super. Alle sangen, und es herrschte eine ausgesprochen fröhliche Stimmung. Was soll ich mir bloss wünschen, wenn es so weit ist? ‹Nkosi sikelele Africa›, die südafrikanische Nationalhymne? Nein, das ist zu patriotisch.»

Manchmal ist Leni auch sehr ambivalent: «Ich nütze ja niemandem mehr, und alte Leute gibt es sowieso zu viele», meint sie, während sie noch kurz zuvor sagte: «Ich werde gerne zum Thema Alter und Lebensende befragt, da bin ich Fachfrau.[3] Auch hier in der Residenz habe ich als Fachfrau noch eine Funktion – ich diene als Bindeglied zur Kirche und nehme an den monatlichen Gesprächen über die Bibel teil. Da gebe ich dann oft sehr ungehemmt meinen theologischen Senf dazu. Die Leitung und die Angestellten schätzen mich, das tut gut. Auch bei der Singgruppe bin ich dabei. Aber eigentlich mehr aus Pflichtbewusstsein, weil so wenige noch singen mögen. Ich kann auch noch kompetitiv sein, wenn es Sinn macht. Zusammen mit andern Autorinnen schreibe ich die ‹Bolderntexte›[4]. Und da freut es mich immer ungemein, wenn ich höre, meine Texte würden zu den besten gehören.» Sagt's, setzt sich an den Computer und druckt mir ein paar Texte aus. Alle nehmen Themen auf, über die wir zusammen gesprochen haben, zum Beispiel (gekürzt):

«Der Herr heilt, die zerbrochenen Herzens sind, und verbindet ihre Wunden (Psalm 147,3.):

Immer wieder einmal habe ich Mühe mit solchen Trost-Texten. Man kann sie ja nicht einfach eins zu eins annehmen … Das Übel bleibt in der Welt, und wir werden es in irgendeiner Form immer wieder einmal erleiden – oder auch verursachen, auch ich. Was habe ich also davon, wenn ich an die Möglichkeit einer göttlichen Heilung glaube? – dafür bete? …

Garantien gibt es nicht, nie. Aber Hoffnung versetzt Berge, heute wie eh und je. Wer wagt, gewinnt – mindestens mehr Selbstvertrauen. Und auch das ist ein gutes Gefühl …»

1   Während Jahrzehnten legte der Schweizer Staatsschutz Fichen über vorwiegend linksstehende Personen an. 1989 flog der Skandal auf.

2   «Staatsfeinde oder SchwarzundWeiss», Jürgmeier, Chronos Verlag 2002.

3   Interview zu Sterben und Tod in der Zeitschrift «Neue Wege», Oktober 2018.

4   Veröffentlichung des evangelischen Tagungszentrums Boldern. Kurztexte über einen Bibelvers.

Weitere Publikationen mit Leni Altwegg, u. a. in «Alles hat seine Zeit, Gespräche mit Hochaltrigen», Theologischer Verlag, Zürich 2015; «Ungerechtigkeit hab' ich nie ertragen», eFeF-Verlag, Wettingen 1994.

«Lebenslust ist Genussfähigkeit,
erst heute kann ich wirklich geniessen.»

«Mit dem Denkvermögen hat das
Gedächtnis wenig zu tun,
und das Erstere ist bei mir intakt.»

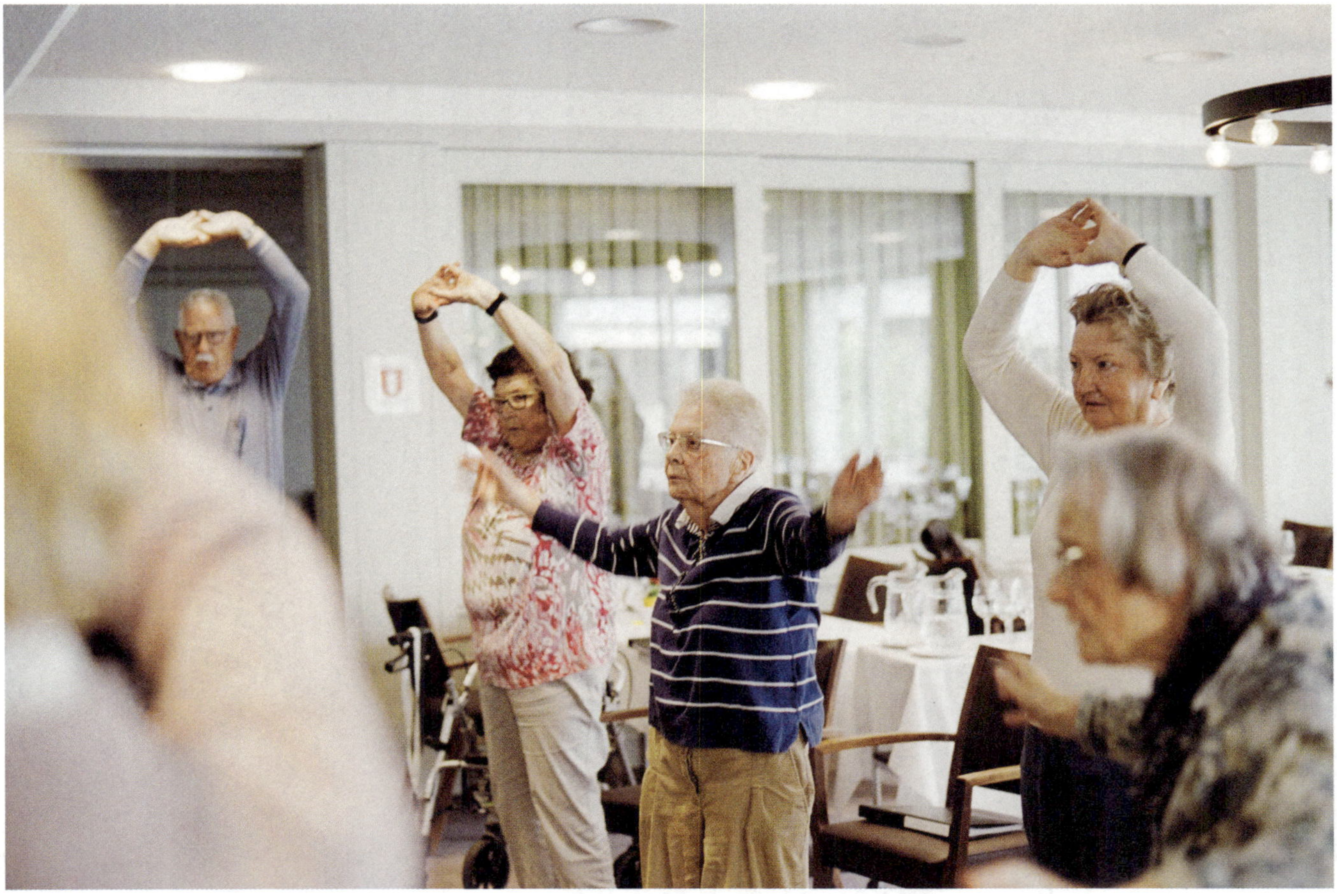

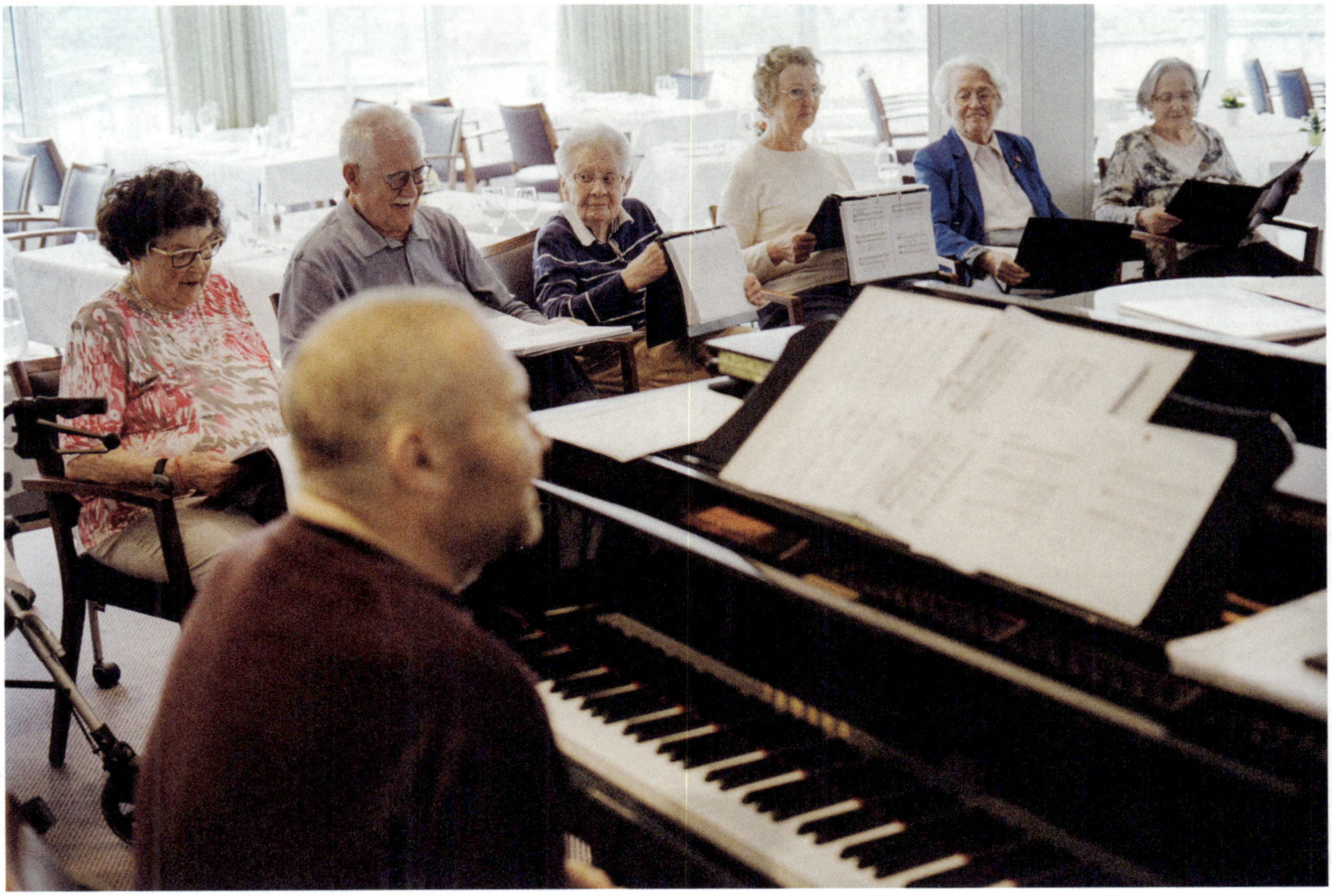

«Ganz vom Fenster weg sein
möchte ich schon noch nicht.»

Ernst
Gerber

Ernst Gerber *22. Juli 1923

Beinahe wäre ich verdächtigt worden, eine Enkeltrickbetrügerin zu sein! Ich hatte mich zwar bei Ernst Gerber telefonisch angemeldet, aber die Freundin, die ihn seit Jahrzehnten kennt, hatte vergessen, dass sie ihn auf mich vorbereiten sollte. Und so wartete neben Ernst auch seine älteste Tochter Käthi auf mich, auch schon 66 Jahre alt, und wollte genau wissen, was ich mit ihrem Vater im Sinn hätte. Gleichzeitig betonte sie, dass er sehr wohl fähig sei, für sich selbst zu schauen. Diese grosse und zugleich tolerante Fürsorge der erwachsenen Kinder gegenüber ihren über neunzigjährigen Eltern ist mir immer wieder aufgefallen. Aufgehobensein im Alter scheint auch eine Garantie für Langlebigkeit zu sein. Käthi Merz blieb dann die erste halbe Stunde, bis sie sicher war, dass ich nichts Böses im Schilde führte. Auch ihr Vater war noch skeptisch vorgespurt, und als ich ihm die Tonaufnahme via Handy-App erklärte, meinte er: «Das wirkt ja fast wie ein Verhör.» Gleichzeitig versuchte er, die gespannte Situation zu entkrampfen, zeigte mir ein Foto der drei Töchter und meinte: «Sie schauen gut zu mir, aber ich habe früher auch gut zu ihnen geschaut. Zum Glück wohnen alle in der Nähe, im Nachbarsdorf. Das habe ich mir so eingerichtet.» Der Schalk, mit dem er das sagt, wird später noch in mehreren Gesprächen spürbar. Käthi erzählt dann von einer behüteten Kindheit und von vielen gemeinsamen Hobbys, vor allem von Ski- und Bergtouren.

Ernst: «Ich gehe heute noch jeden Tag eine Stunde laufen, und zwar wandern, nicht einfach nur ein bisschen spazieren. Seit ich neunzig bin, laufe ich mit Wanderstöcken, das ist besser fürs Gleichgewicht. Die Berge werden niedriger, aber die Lust am Laufen bleibt.» Käthi: «Mit neunzig hast du es immerhin noch auf den Stierenberg geschafft.»

Der Stierenberg ist der höchste Berg im Kanton Aargau, in der Nähe von Menziken, bekannt durch seine einmalige Aussicht. Die Natur war Ernst immer sehr wichtig. Auch bei der Wahl des Einfamilienhauses, das die Familie 1972 in der Aargauer Gemeinde Beinwil am See bezog, war die Aussicht entscheidend. Lange lebte die Familie zu fünft dort, dann zog eine Tochter nach der andern aus. Seit dem Tod von Ernsts Frau Trudy wohnt er allein und ist viel unterwegs. Käthi: «Das viele Laufen hilft sicher, dass er noch so gut beieinander ist, nur mit dem Atmen hat er Mühe.» Ernst: «Wenn ich mit jemandem Treppen steige, sage ich einfach, er solle doch schon mal vorgehen, ich komme dann irgendwann auch nach.» Er liebt es, sich über sich selbst lustig zu machen, und hat einen guten Humor. Käthi: «Wir hatten eine schöne Kindheit, wanderten jedes Wochenende, ich war immer gerne dabei, vor allem, bevor ich Kinder bekam. Meine jüngste Schwester meinte zwar manchmal, der Sonntag wäre so schön, wenn nur das Laufen nicht wäre.»

Wir reden über das Handy, das Ernst gut beherrscht. «Wenn ich per Bahn ins Berner Oberland, ins Tessin oder an den Bodensee reise, gebe ich der Käthi einfach noch schnell durch, dass ich jetzt weg bin.» Käthi: «Und ich gebe es via Chat den Schwestern weiter, dann wissen wir, dass er unterwegs ist. Wenn er nicht rechtzeitig zurückkäme, würden auch die Nachbarn Bescheid geben.» Wir reden weiter über die Handybenützung von Ernst. Käthi: «Manchmal sagt er, es funktioniere nicht, dann kann er es wieder. Er ist eben auch sehr ehrgeizig und weiss genau, was er will. Ich bin genauso, und dann geraten wir manchmal aneinander. Ernst: «Ja, sie meint es immer gut und gibt mir Ratschläge, und dann sagt sie, du machst ja doch, was du willst. – Fürs Buch kann ich jedenfalls erzählen, was ICH will.» Nach dieser liebevollen «Chiflerei» (Geplänkel), bei der wir alle lachen müssen, ist das Eis gebrochen und Käthi lässt mich beruhigt mit Ernst allein. Sie verabredet sich mit ihm für den folgenden Tag, um ihn zum Augenarzt zu begleiten. Ernst: «Wenn ich zum Arzt gehe, nehme ich immer jemanden mit, damit ich mir die Ausdrücke nicht merken muss. Manchmal bin ich etwas langsam im Verstehen.» Das ist mir in der Zwischenzeit auch aufgefallen, und ich habe gelernt, Fragen zu wiederholen. Manchmal lachen wir zusammen, wenn ich nicht weiss, wie ich eine Frage besser stellen könnte. Ernst hat ein sehr gutes Kurzzeitgedächtnis und kommt oft etwas später auf eine Frage zurück, ergänzt und korrigiert sich selbst. «Nur die Leitung hat manchmal eine Panne», sagt er.

Ernst trägt mir, als Käthi gegangen ist, sofort das Du an und erzählt lange weiter übers Wandern und Bergsteigen: «Manchen Viertausender habe ich gemacht, auch meine Frau, das Trudy kam oft mit, auch zum Skifahren. Mit Fellen und Steigeisen waren wir gemeinsam unterwegs. Mein schönster Berg war natürlich das Matterhorn, das habe ich zweimal bestiegen. Das erste Mal machten wir die normale Tour über den Hörnligrat, das zweite Mal die ganz schwierige über den Zmuttgrat rauf und über den Italienergrat runter. Ich war auch lange aktiv im Schweizer Alpenklub (SAC) und hatte tolle Bergkameraden, mit denen ich viele schöne Momente erlebte.» Ernst bringt Fotoalben und zeigt auf die Bergfotos, die überall an den Wänden hängen. Auf vielen ist er in halsbrecherischen Situationen zu sehen. Besonders stolz ist er auf das Bild, auf dem er auf der Salbit-Nadel im Göschener Alptal sitzt. Jeder Alpinist, der etwas auf sich hält, sass schon mal da oben, Ernst sogar mit Stumpen im Mund, der musste mit aufs Bild. «Gerade letztes Jahr sind vier Bergkameraden gestorben. Die meisten waren viel jünger als ich. Das macht schon nachdenklich.» Gefühle lässt Ernst nicht gern zu, sofort wechselt er das Thema: «Auf diesem Bild sieht man, wie ich von der Spitzmeilenhütte ins Tal transportiert werde. Plötzlich war mir der Abstieg zu anstrengend, und der Hüttenwart fuhr mich mit diesem Fahrzeug runter. Er testete mich aber zuerst, ob ich noch genug Kraft hätte, mich festzuhalten, denn es ist sehr steil, eine richtige Rumpelfahrt», sagt er sichtlich zufrieden. «Ins Ferienhaus des Klubs im Hasliberg schaffe ich es aber noch, ich brauche einfach länger, bis ich oben bin. Wir planen jetzt mit der ganzen Familie wieder einen Ausflug ins Klubhaus. Die mittlere Tochter und der Schwiegersohn besorgen dort den Bettwäschewechsel. Das ist nicht wie früher, als man noch in kratzigen Wolldecken schlief! Der Bauer, der die Hütte bewirtschaftet, ist ein ganz Flotter, er würde auch dafür schauen, dass ich raufgebracht würde, falls ich es nicht mehr allein schaffe. Ja, das ist schon sehr wichtig für mich, denn die Ferien auf dem Hasliberg sind eine lange Familientradition.»

Drei Wochen nach dem zweiten Gespräch kommt Post von Ernst – zwei Büchlein der Sektion Homberg des Schweizer Alpen Clubs (SAC), die er mir zu zeigen vergessen hat. Ernst wird darin gefeiert als eines von nur zwei Ehrenmitgliedern dieser Sektion in hundert Jahren, und er ist mächtig stolz darauf. 1951 trat er in den Sektionsvorstand ein, war lange Jahre Vizepräsident, Präsident und Juniorenchef. Mehr als vierzig Jahre lang widmete er dem Club seine ganze Energie und Freizeit. In gestochen scharfer Schnürlischrift (Schulschrift) steht: «Ernst Gerber kennt die Ehrfurcht vor dem Berg. Er pflegt die Stille und die Erhabenheit, die von den Bergen ausgeht. Seine grossen Erfahrungen hat er immer weitergegeben, nicht dozierend, sondern als Menschenfreund. Nach überwundener Anstrengung kennt er auch die Ausgelassenheit.» Dass er gerne ausgelassen ist, zeigt er uns am Schluss des Fototermins, als wir mit ihm und seinen Töchtern bei mehreren Gläsern Weisswein mitfeiern dürfen, neinsagen wird nicht akzeptiert.

Das Klettern und Bergsteigen hat Ernst Gerber durch lange Ausflüge mit der Bahn ersetzt. Mit 93 Jahren hat er aufgehört mit Autofahren. «Ich hätte den Service machen lassen müssen und neue Pneus kaufen. Das wäre teuer gewesen. Da habe ich mir gesagt, vielleicht kannst du nur noch ein halbes Jahr fahren, da hörst du lieber grad auf. Aber die Prüfung der Verkehrskontrolle kurz vorher bestand ich noch problemlos, nur bei den Seitenstrassen fuhr ich etwas zu schnell. Jetzt habe ich ein Elektrofahrzeug, mit dem geh ich einkaufen, ein toller Töff.» Seit er nicht mehr Auto fährt, ist Ernst begeisterter Generalabonnement-Benützer der SBB. Er zeigt mir Wanderkarten und Fahrpläne: «Ich notiere mir die Abfahrtszeiten der Züge, dann gehe ich auf die Station und lasse es kontrollieren, dann drucken sie mir die Zeiten aus. Der Stationsleiter sagte mir schon oft, viele könnten heute gar keine Fahrpläne mehr lesen! Am schwierigsten ist das Umsteigen, grad rennen kann ich nicht mehr. Noch schwieriger sind Postautostrecken. Kürzlich wollte ich auf den Rissisberg, mit dem Zug von Bern nach Könitz und dann mit dem Postauto weiter, da fuhr mir der Zug vor der Nase ab, das Umsteigen ist dort immer knapp. Da suchte ich eben eine andere Lösung via Belp.» Das viele Reisen liebt Ernst auch deshalb, weil der kommunikative Mann überall Menschen trifft, mit denen er sich austauschen kann.

Ernst kennt die nähere Umgebung fast auswendig, er ist im Aargau aufgewachsen, in Burg bei Menziken. Schon als Kind liebte er die Aussicht: «Das Dörfchen liegt über der Nebelgrenze, das war schön». Andere Zerstreuungen gab es kaum für ihn und seine jüngere Schwester «Wir waren mausarm, der Vater war Handlanger, mit welchem Geld er das Häuschen damals gekauft hat, frage ich mich heute noch. Lernen konnte ich leider nichts, ich konnte nicht mal die Bezirksschule besuchen, denn damals musste man die Bücher noch selbst kaufen, und für das hatten wir kein Geld. So kam ich mit fünfzehn zu einem Bauern im Welschen. Leider lernte ich kein Französisch, denn der Bauer war Berner. Lohn bekam ich auch keinen, doch der

Konfirmationsanzug wurde mir bezahlt, denn ich wurde in Le Locle konfirmiert. Aber der Bauer war recht zu mir, und am liebsten fuhr ich mit Ross und Wagen zu den Kunden, um die Milch zu bringen.»

Schon mit sechzehn begann er in einer Fabrik zu arbeiten: «Es war eine kleine chemische Fabrik, wir waren nur zu zweit, der Direktor und ich, ein flotter Chef, von dem ich viel gelernt habe. In verschiedenen Arbeitsgängen destillierten wir das Tabakwasser der umliegenden Zigarrenfabriken. So entstand ein nikotinhaltiges weisses Pulver. Es soll hochgiftig sein, wurde aber in der Armee in kleinen Dosen als Herzmittel verwendet. Ich war neugierig und probierte davon – und lebe heute noch! Mein Lohn war damals fünfzig Rappen die Stunde. 1943, also während dem Zweiten Weltkrieg, besuchte ich die Rekrutenschule und absolvierte dann zweimal einen Monat Aktivdienst. Die Firma bezahlte mir während des Aktivdiensts pro Tag einen Franken zusätzlich zum Sold, das war sehr grosszügig.» Seine Erinnerungen an den Dienst sind gemischt, sogar als fitter Alpinist fand er die langen Fussmärsche mit Gepäck extrem anstrengend. «Ich war in der Infanterie, Schützen 4, und die Verlegungen waren so streng, dass ich fast nicht mehr vorwärtskam. Einmal mussten wir ins Tessin, das war, als die Amerikaner Richtung Schweiz vorrückten. Ja, da hätten wir im schlimmsten Fall schiessen müssen. Gott sei Dank kam es nicht dazu, und so beendete ich den Militärdienst glücklich als Gefreiter.»

In der Schweiz haben der Tabakanbau und die Zigarrenproduktion eine jahrhundertealte Tradition, vor allem im Gebiet, in dem Ernst Gerber aufwuchs und heute noch lebt. So begann er nach neun Jahren in der chemischen Fabrik 1948 in der Villiger Zigarrenfabrik in Pfeffikon zu arbeiten. Dort blieb er bis zu seiner Pensionierung 1988 – zuletzt in der Funktion als Abteilungsleiter. «Ich war zuständig für die Maschinen, welche die Stumpen machten, ich musste schauen, dass alles läuft. Früher wurde sehr viel von Hand gemacht, heute gibt es das nur noch bei sehr speziellen Zigarren. Ich durfte damals nach Deutschland, um die maschinelle Produktion zu lernen. Der spätere Bundesrat Kaspar Villiger war mein Chef, später übernahm dann sein Bruder Heinrich. Wir haben damals alle geraucht, wir kriegten ja die Produkte der Firma gratis. Aufgehört zu rauchen habe ich erst mit achtzig, als das mit dem schlecht Schnaufen anfing.» Ernsts spätere Frau Trudy arbeitete ebenfalls in der Tabakindustrie, damals noch bei der Konkurrenz, der Zigarrenfabrik Burger & Söhne. «1949 heirateten wir, und zwar weil mein Arbeitgeber uns ein leerstehendes Haus und zweitausend Franken anbot. Ohne dieses Angebot hätten wir wahrscheinlich noch etwas gewartet. Dann wechselte auch Trudy zu Villiger, halbtags ins Büro.»

Ganz nebenbei, wie wenn es nicht der Rede wert wäre, erwähnt der sportliche Mann seinen damaligen Arbeitsweg: «Ich fuhr jeden morgen mit dem Velo die sieben Kilometer in die Fabrik und mittags wieder zurück, der Rückweg war ganz schön steil. Trudy kochte, und am Nachmittag nahmen wir dann das Auto. Sie war eine gute Frau, etwas Besseres hätte ich nicht finden können. Sie hat gut zu mir geschaut und konnte gut rechnen. Wir haben nie etwas gekauft, wenn wir das Geld dazu nicht hatten.» Er zeigt mir das Fotoalbum vom sechzigsten Hochzeitstag, und seine Stimme zittert leicht. «Sie starb vor vier Jahren ganz plötzlich. Sie zog sich immer etwas früher als ich ins Schlafzimmer zurück, auch an jenem Tag. Als ich nach oben ging, war sie nicht dort. Ich suchte sie auf der Toilette, da lag sie. Tot. Herzschlag. Wie hingebettet lag sie da. Dieses Bild werde ich nie vergessen.»

Wir machen eine lange Pause. Ernst kocht Kaffee. Dann nimmt er den Faden wieder auf: «Ein schöner Tod, sie musste nicht leiden. Machen kann man sowieso nichts, das ist Bestimmung. Das glaube ich, das hat aber nichts mit Gott oder Religion zu tun.»

Wir bleiben beim Thema. Ernst erzählt von seiner einzigen Schwester, die auch schon 92 Jahre alt ist. «Sie ist noch voll da im Kopf, aber leider ganz schlecht zu Fuss. Ich besuche sie oft im Altersheim, oder wir holen sie dort ab und gehen alle gemeinsam essen. Ich selbst habe noch nie wirklich daran gedacht, wie es wäre, wenn ich ins Heim müsste. Ich würde lieber so gehen wie das Trudy.»

Auf mein Bitten hin zeigt mir Ernst noch das ganze Haus. Im Schlafzimmer mit den zwei Betten hat er kaum etwas verändert, es sieht aus, wie wenn Trudy jeden Moment zurückkäme. Schnell lenkt Ernst ab: «Eigentlich ist es verrückt, allein in einem Fünfzimmerhaus zu leben. Aber hier stimmt einfach alles, die Nachbarn schauen gut zu mir, bei den einen esse ich regelmässig, bei den andern hie und da, alle treffen wir uns hin und wieder zu einem Glas Wein oder Kuchen. Auch die Nachbarskinder sind nett, sie haben mir zum Geburtstag eine Karte gezeichnet, auf der sie mir wünschen, dass ich hundertjährig werde.» Ernst fühlt sich verwöhnt, putzen tun abwechselnd die Töchter, und bei den beiden älteren isst er regelmässig. «Es wird überall gut zu mir geschaut, so ist es schön, alt zu werden.» Sein Lieblingsraum ist ein Grillraum neben dem Garten, an dem er mitgebaut hat. Viele Feste wurden da gefeiert, viele Bergfotos hängen auch dort. Das allergrösste, schon ganz vergilbt, zeigt den jungen Ernst auf dem Matterhorn. Hier trifft sich die Familie immer wieder mal zum Apero. Vom Garten aus blickt man in die Berge, wenn die Sicht klar wäre, sähe man Eiger, Mönch und Jungfrau. Ernst genügt es schon zu wissen, dass sie da sind. «Klar, wäre ich nochmals jung, würde ich wieder möglichst viele hohe Berge besteigen. Jetzt ist mein einziger Wunsch, dass ich nicht ernsthaft krank werde, dass ich weiter meine Wanderungen machen kann und dass ich nicht noch vergesslicher werde.» Als wir ihn beim Wandern fotografieren, meint er scherzend: «Wenn ich das noch zehn Jahre machen kann, bin ich zufrieden. Ich bleibe gern noch etwas auf dieser Welt, vielleicht geht es ja gäbig weiter wie bisher. Und dann ist auch noch das erste Urenkelchen unterwegs. Das will ich noch erleben.»

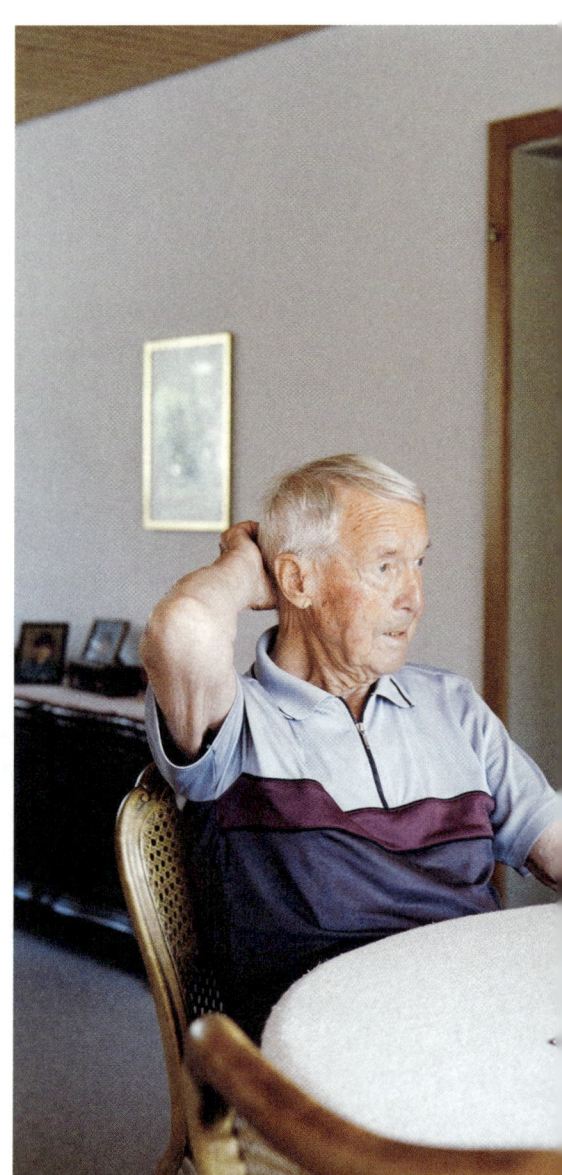

«Ich muss dankbar sein,
dass ich so viel machen konnte.
Das ist ein Geschenk.»

«Die Berge werden niedriger,
aber die Lust am Laufen bleibt.»

« Ich bin ‹guet ewägcho›,
ich bin zufrieden, dass es mir so gutgeht.
Es kommt sowieso, wie es muss.»

Willi
Vogel

Rösli Vogel

Rösli Vogel *19. Juni 1923   **Willi Vogel** *9. Februar 1925

Mit einer fröhlichen Feier hat der Vogel-Clan, wie sie sich gerne nennen, am 23. Juni 2018 Röslis 95. Geburtstag gefeiert, Willi, 93, sass immer neben ihr, stolz wie am Tag der Hochzeit vor siebzig Jahren auf seine attraktive, witzige Frau. Mit dabei die zwei Töchter, viele Enkel und Urenkel. Es war, wie meistens, mehr ein Familien- als ein Geburtstagsfest. Alle waren glücklich, wieder beieinanderzusitzen, und Rösli konnte sich kaum mehr von ihrer Urenkelin, der kleinen Carlotta, trennen. Willi fand die Bewirtung phänomenal: «Wir wurden bedient wie die Könige.» Rösli wird dann allerdings später sagen: «Ich war nicht dieselbe wie früher, nicht mal ein Gedicht habe ich vorgetragen, keine Dankesworte gesagt, nichts. Offenbar hat aber niemand gemerkt, dass mit der etwas nicht stimmt.»

Als ich die beiden ein paar Wochen vor dem Geburtstagsfest zum ersten Gespräch traf, stimmte, mindestens für mein Gefühl, noch alles. Willi ist ein begeisterter Tennisspieler und Geschichtenerzähler. Rösli ist zwar nicht mehr ganz so gut zu Fuss, dafür im Kopf umso fitter. Willi hat mit grosser Selbstverständlichkeit Aufgaben im Haushalt übernommen, die Rösli schwererfallen als früher. Gerne benützt sie den Computer, um Informationen zu googeln, und skypte bis vor kurzem auch öfters mit Enkel Andi, der viel unterwegs ist. Jetzt habe sie aber gerade vergessen, welche Knöpfe sie dazu am PC drücken müsse, meinte sie, und weigerte sich, es mir zu demonstrieren. Andi meint trocken dazu: «Sie kann das besser als viele meiner gleichaltrigen Kollegen.» Rösli ist die Präzise der Familie. Wenn Willi zu sehr ins Erzählen kommt, bringt sie seine Geschichte liebevoll auf den Punkt, korrigiert Daten und Ereignisse und ordnet sorgfältig das lange gemeinsame Leben. Kommunikativ und witzig sind beide, sie boten mir sofort das Du an, und so viel gelacht wie bei den Gesprächen mit den beiden habe ich schon lange nicht mehr.

Rösli ist überzeugt, dass genetische Gründe ausschlaggebend sind für ihre Langlebigkeit. Ihr Vater starb mit 94, die Mutter sogar erst mit 96 Jahren. «Kein schöner Tod», sagt sie, «sie musste leider neun Jahre länger leben als nötig. Sie stürzte mit 87 schwer, musste dann drei Schenkelhalsoperationen über sich ergehen lassen, und ihr Kopf erholte sich nie mehr. Wir konnten sie nicht länger zu Hause pflegen, bei aller Liebe ging es nicht.»

Willi meint, es sei sein Bewegungsdrang, der ihm zu seinem hohen Alter verholfen habe. «Wo immer ein Ball in der Nähe war, musste ich ihm nachrennen, alles was rund war, mochte ich. Vor allem Billardspielen, Tennis und dann natürlich Fussball waren mir am liebsten. Ich musste aber neunzig Jahre alt werden, bis mir jemand an einer Klassenzusammenkunft erzählte, wie sehr er mich um mein Fussballtalent beneidet hatte.» Rösli meint trocken dazu: «Der wollte dir nur Honig ums Maul streichen.» – «Nein», sagt Willi, «ich war ja auch lange Zeit Mitglied des Arbeiter-Fussballklubs Zürich und galt dort als guter Spieler. Jetzt ist Tennis wichtiger, man muss da nicht ganz so lange rennen. Grossen Spass macht mir, dass ich mit meiner Tochter Elsbeth spielen kann. Sie serviert wunderschön und das Allerbeste ist, dass sie sagt, sie spiele am liebsten mit dem Vater.»

Auch Rösli war sportlich, liebte Schwimmen, Bergtouren, Velotouren und Skifahren, nur «die Vereinsmeierei, die lag mir gar nicht». Wenn sie vom Völkerballspielen auf der Zürcher Allmend erzählt, leuchten ihre Augen. Die Allmend! Beide schildern begeistert ihre Jugendzeit im riesigen, damals noch recht wilden Naherholungsraum am Zürcher Sihlufer. Dort traf sich die Zürcher Arbeiterjugend Ende der 1930er Jahre zum Baden, Velofahren und Spielen. Viel Platz für Freizeitaktivitäten war vorhanden, eine Zeitlang stand dort sogar ein Badehäuschen mit Sanitätsraum, Bademeister und Kiosk. Alles war gratis, im Gegensatz zu den städtischen Strandbädern. Das war wichtig, denn Geld für Vergnügungen war bei keiner der beiden Familien vorhanden. Röslis Mutter brachte oft Allmend-Mittagessen für die ganze Familie mit. Auch ihr Vater war dabei, wenn er in der Nähe arbeitete. Rösli und Willi hätten sich dort eigentlich kennenlernen müssen, aber es war wohl zu früh für die Liebe. «Bei uns ging alles ganz anständig zu», erzählt Rösli. Willi ergänzt: «Nur der Pfarrer hatte Angst um unsere Moral.»

Rösli kann sich tatsächlich nicht mehr erinnern, wie sie Willi kennengelernt hat, Willi hingegen weiss es noch ganz genau: «Es war in Flums in den Skiferien. Rösli hatte für die ganze Gruppe eine Unterkunft bei Bauern organisiert und kochte. Dann spielten wir Karten, ‹Siebzehn und Vier›, sie verlor und verlor, und ich dachte, die nimmt das aber locker, und konnte gar nicht mehr aufhören, dieses hübsche, selbstsichere Mädchen anzuschauen.»

Für Willi ist die Allmend deshalb so wichtig, weil die dort verbrachte Zeit zu seinen positivsten Jugenderinnerungen gehört. «Zu Hause war's eher schwierig. Meine Mutter starb, als ich dreizehn war, mein Vater arbeitete als Strassenwischer und verdiente sehr wenig. Damit für uns vier Buben gesorgt war, stellte er Haushälterinnen ein. Eine war schlimmer als die andere. Die letzte heiratete er, sie wurde meine Stiefmutter. Ich vertrug mich gar nicht mit ihr. Der Vater sagte damals immer, aus uns Buben werde nichts. Das war nicht besonders aufbauend. Aber vielleicht hat mich das ja auch motiviert, wer weiss.»

Willi wollte nach der Sekundarschule Zahntechniker werden, fand aber nur eine Stelle als Gärtnerlehrling. Weil ihn diese Arbeit überhaupt nicht befriedigte, ging er auf eigene Faust zu einem Zahnarzt und bewarb sich. Dieser war so beeindruckt von der Initiative des Siebzehnjährigen, dass er ihn einstellte. Willi: «Er verzichtete sogar auf das Lehrgeld, das mein Vater hätte bezahlen müssen, denn dafür hatte dieser kein Geld. Ja, damals musste man als Lehrling den Lehrmeister bezahlen! Und nicht nur das: Er bezahlte mir jede Woche fünf Franken Lohn, später sogar noch mehr!» Rösli entschloss sich für eine KV-Lehre. «Bürolistin, das war doch ein typischer Frauenberuf, Männer auf dem Büro galten als Weicheier, als halbe Männer.» Sie lernte bei einem Anwalt und blieb Anwaltskanzlistin, bis das erste Kind auf die Welt kam, etwas früher als geplant. Die beiden, die sich längst für eine Genossenschaftswohnung angemeldet hatten, mussten lange warten, bis etwas Passendes frei wurde, und wohnten noch vier Jahre bei Röslis Eltern. Willi meint, er habe schon vor der Heirat dort gelebt, aber Rösli korrigiert ihn: «Du zogst erst am Tag der Heirat ein.» Willi sagt strahlend: «Egal, ich erlebte das Paradies. Röslis Mutter war ein Genie im Kochen, aus nichts konnte sie etwas Gutes zaubern. Auch ihr Vater war ein toller Mensch.» Rösli: «Wir wanderten schon als Kinder häufig mit den Eltern. Immer wieder machten wir die grosse Üetlibergwanderung, bis zum Albis und dann zum Türlersee. Dort gab es immer ‹Tünklisuppe› (altes Brot in Bouillon). 32 Mal in einem einzigen Jahr machten wir diese Tour, das war unser Rekord! Oft kletterten wir kleine, steile Wege hoch und runter, nicht die üblichen breiten Wanderwege.» Willi fügt bei: «Ich durfte mit dieser Familie erstmals die Berge erleben. Röslis Vater plante die grösseren Touren genau. Bei dieser Planung dabei zu sein war für mich fast so schön wie die Bergtour selbst.» Rösli ergänzt: «Wir schwammen, fuhren Velo, uns fehlte nichts, obwohl der Vater, der Sanitärmonteur gelernt hatte, oft arbeitslos war. Aus diesem Grund wollten die Eltern kein zweites Kind, und ich wuchs allein auf. Aber als ich in der Lehre war, folgten die Eltern trotz finanzieller Schwierigkeiten einem Aufruf zur Unterstützung unterernährter Kinder aus Kriegsgebieten und nahmen für einige Monate ein Kind aus Frankreich auf, später auch noch eines aus Österreich. Mit beiden blieben wir noch jahrelang in Kontakt, es entstanden richtige Freundschaften. Und ich habe damals gelernt, was Solidarität heisst.»

Noch vor der Heirat – es herrschte Krieg – absolvierte Willi die Rekrutenschule als Gebirgssanitäter mit Hochgebirgsausbildung. «Ich wurde sogar gefragt, ob ich weitermachen wollte, obwohl ich in einem Aufsatz kritische Gedanken zum Militär geäussert hatte. Der Aufsatz wurde in der Offiziersmesse heiss diskutiert. Leider finde ich ihn nicht mehr, ich weiss auch nicht mehr genau, was ich geschrieben habe. Doch der Leutnant setzte sich nachher immer zu mir, ich muss ihm Eindruck gemacht haben. Aber weitermachen wollte ich nicht, ich hätte mir das finanziell nicht leisten können.»

Seit 1952 leben die beiden in der Familienheim-Genossenschaft Zürich. Vier Jahre nach ihrer Heirat zogen sie zuerst in ein kleines Häuschen und wechselten dann jeweils in eine grössere Wohnung, als noch ein weiteres Kind auf die Welt kam. Seit sie wieder zu zweit sind, leben sie in einer gemütlichen Dreizimmerwohnung. Rösli: «Hie und da sieht man von unserm Balkon aus sogar den Üetliberg, leider nur, wenn die Sicht ganz klar ist.» Die jüngste Tochter Vreni wohnt mit ihrer Familie in derselben Genossenschaft, ganz in der Nähe der Eltern. Die ersten Jahre der jungen Familie waren nicht einfach. Willi wurde arbeitslos – in Zürich gab es damals viele arbeitslose Zahntechniker. Dann, nachdem er längst wieder eine Stelle gefunden hatte, veränderte sich sein Leben radikal. Weil ihn sein Chef sehr schlecht bezahlte – «ein fieser Bruder war der» –, beschloss er, sich selbständig zu machen. «Im

Dezember 1959 eröffnete ich mein eigenes Labor, und es lief von Anfang an super.» Willi strahlt, der Entschluss zur Selbständigkeit war einer der Meilensteine in seinem Leben. Rösli: «Ich war zuerst dagegen, weil ich dachte, vielleicht lässt er es dann fünf gerade sein mit der Arbeitszeit. Aber wir hatten viel Glück, es lief von Anfang an super.» Willi: «Klar, mit dir als Buchhalterin konnte mir nichts passieren.» Rösli: «Ja, ich erledigte für ihn die doppelte Buchhaltung und die Steuererklärungen. Die Abrechnungen machte ich immer nachts, zu dieser Zeit funktioniert mein Hirn am besten.» Sie zeigt mir ihren Schrank, in dem säuberlich aufgereiht Dutzende von Ordnern mit ihren Abrechnungen stehen. Doch Willi war nicht nur ein guter Geschäftsmann, er engagierte sich auch politisch. Zusammen mit einigen Kollegen erkämpfte er Verbesserungen für seinen Berufsstand mit der sogenannten Zahnprothetikerinitiative. «Wir durften als Zahntechniker offiziell keine Zahnabdrücke nehmen, obwohl ich das schon als Lehrling gemacht hatte, und wir kämpften dafür, dass wir dies mit einer Zusatzausbildung als Zahnprothetiker tun durften.» Konkret heisst das, der Zahnprothetiker darf selber Patienten empfangen und von A bis Z die ganze Arbeit am Gebiss ausführen, bis der Patient die abnehmbare Prothese hat. «Ohne Zahnarzt», betont Willi, das ist ihm ganz wichtig. Seine Augen funkeln, als er sich an den mit Herzblut geführten politischen Einsatz erinnert. Neben dem Entschluss zur Selbständigkeit war dieses Engagement ein weiterer wichtiger Meilenstein in seinem Leben. «Wir wurden von drei SP-Kantonsräten unterstützt, die Initiative wurde mit 79 Prozent aller Stimmen angenommen. Diese Unterstützung führte dazu, dass ich der SP beitrat. Sogar mein Vater, der ein Christlich-Sozialer war, konnte das akzeptieren.» Kurz nach der Annahme der Initiative bildete sich Willi als Zahnprothetiker weiter und konnte so direkt von seinem politischen Kampf in seinem Beruf profitieren. Rösli fügt unvermittelt an: «Ich finde, trotz jahrzehntelanger Selbständigkeit sind wir Arbeiter geblieben, Willi arbeitete immer noch mit den Händen.» Willi: «Sie ist eigentlich eine Linke, aber in keiner Partei.» Rösli: «Mein Vater nahm am Bauarbeiterstreik in den 1930er Jahren teil, er war auch ein Kämpfer, aber wir sind beide keine Vereinsmenschen. Sozial und links eingestellt waren wir immer. Doch eine Person der Familie in einer Partei, das reicht.»

Kein grosses Thema war für das Paar der Feminismus. Willi: «Wir hatten beide unsere Bereiche, wir ergänzten uns perfekt.» Rösli: «Kürzlich haben wir diesen tollen Film ‹Die göttliche Ordnung›[1] gesehen. Ich hatte die Abstimmung von 1971 zum Frauenstimmrecht etwas vergessen, es waren so viele andere Dinge wichtig in jenen Jahren, die Kinder, das Geschäft, aber klar, ich fand es nicht richtig, dass meine Mutter und ich kein Stimmrecht hatten. Aktiv engagiert dafür habe ich mich aber nicht.»

Willis Praxis lief so gut, dass sich die beiden 1975 einen lange gehegten Traum erfüllen konnten. Rösli: «Es reichte finanziell, um in den Bergen ein Häuschen bauen zu lassen. Wir suchten überall in Braunwald und fanden dann den idealen Bauplatz.» Willi: «Sie sagt immer Häuschen, aber es ist ein zweistöckiges Haus, ausgebaut mit Keller und allem, was dazugehört. Vorher verbrachten wir die Ferien zwanzig Jahre lang zu fünft in einem Chalet, und dann konnten wir uns das endlich leisten, weil ich das Geld selbst verdiente und nicht mehr einem Zahnarzt abliefern musste. Jetzt hat die jüngste Tochter Vreni das Haus übernommen.» Rösli: «Mich zieht es nicht mehr so stark dahin, weil ich nicht mehr besonders gut zu Fuss bin.» Willi: «Ich mähe noch sehr gerne, mit einer kleinen Elektrosense. Ich mache schönes Heu für den Bauern. Und unterwegs lerne ich auch immer wieder interessante Leute kennen.»

Der neue Wohlstand hinderte die Vogels nicht am sozialen Engagement, im Gegenteil. Rösli: «Der Arzt hatte mir wegen meiner Rückenprobleme von einem vierten Kind abgeraten. Ein Kind zu adoptieren war nicht möglich, weil wir schon eigene Kinder hatten. Die ältere Tochter Elsbeth, damals achtzehn, schlug deshalb vor, wir sollten uns bei ‹Terre des Hommes› melden.» Die Kinderhilfeorganisation suchte während dem Vietnamkrieg vor allem Plätze für von Kinderlähmung betroffene Kinder. Rösli: «Bald kam kam Loi mit zwei gelähmten Beinen zu uns. Sie war zuvor im Spital Balgrist operiert worden. Wir nahmen später dann noch Cam auf, die bei einer berufstätigen Pflegemutter lebte und sich nach mehr Kontakt mit Gleichaltrigen sehnte, und besuchten regelmässig einen Buben in der Schulthess-Klinik, der sich einsam fühlte. Für die Töchter war das eine tolle Zeit, alle Mädchen schliefen im grossen Schlafzimmer in Kajüttenbetten. Wir blieben in Kontakt mit den beiden Mädchen, als sie nach einem Jahr wieder zurück nach Vietnam reisten.» Willi: «Dreissig Jahre später besuchten wir Loi in Vietnam. Es war unglaublich. Am Flughafen in Saigon stand eine kleine Frau hinter dem Gitter in der Ankunftshalle und rief: ‹Vater, Mutter!› Noch gar nie sind wir so weit gereist, und dann ein solcher Empfang! Wir waren so gerührt! So trafen wir Loi wieder, und sie sprach nach dreissig Jahren immer noch gut Deutsch.» Rösli: «Wir sind ja auch immer brieflich in Kontakt geblieben und haben sie finanziell unterstützt.»

Willi arbeitete lange übers Pensionsalter hinaus. Er betrieb am Ende seines Berufslebens noch eine Teilzeit-Praxis, bis er etwa 82-jährig war, die beiden sind sich nicht ganz einig. Rösli, die Buchhalterin, rechnet vor: «Er hat keine Pensionskasse, weil ich dachte, er höre mit 65 auf, das lohne sich nicht. Und wie sich das gelohnt hätte! Es reicht aber trotzdem mit der AHV, die Wohnung ist günstig, und wir haben genug auf die Seite gelegt. Unsere grösste fixe Ausgabe ist meine Krankenkassenprämie. Ich habe die tiefste Franchise gewählt, denn ich sehe nicht mehr gut, höre nicht mehr gut und kann nicht mehr ‹weidli laufen›, bin aber sonst ganz okay. Willi kostet uns weniger, denn der hat die höchste Franchise und geht nie zum Arzt. Er ist ja gesund, nur eine Niere fehlt ihm. Das Krankenkassengeld lege ich monatlich auf die Seite, das ist immer bereit. Die andere grosse Ausgabe sind die Generalabonnemente der SBB. Für diese sparen wir so: Beim Kartenspielen muss der Verlierer oder die Verliererin immer Geld ins Kässeli legen. Ende Jahr reichts dann für die beiden GA, und sogar für Geschenke bleibt noch Geld übrig.» Als die beiden beim nächsten Besuch für den Fotografen ihr Lieblingsspiel Skip-Bo spielen, frage ich erstaunt, ob sie mit den kleinen Summen wirklich beide Generalabonnemente finanzieren könnten. Willi: «Jaja.» Rösli: «Nein, nicht wirklich.» Das Spiel endet in Gelächter, weil sich die beiden wegen dem Fotografieren nicht konzentrieren können.

Ganz kurz wird Rösli im Gespräch melancholisch. «In meinem Kopf ist vor etwa einem halben Jahr etwas passiert. Ich bin plötzlich so faul geworden, habe total Mühe, mich zu konzentrieren, und rege mich dann auf, dass ich so ‹chnorze›. Auch nähen tu ich nicht mehr. Wenn ich etwas brauche, springen die Töchter ein. Den kleinen Putzkehr macht Willi, fürs Grobe lassen wir jemanden kommen. Aber ich war immer zuständig fürs Kochen und fürs Schriftliche, und jetzt bin ich nur noch faul, und der Berg Unerledigtes wächst und wächst.» Willi: «Einkaufen ist meine Aufgabe, ich schreibe alle Ausgaben in ein kleines Büchlein.» Er zeigt mir stolz sein Kassenbüchlein. Akribisch genau ist da jeder Einkauf vermerkt.

Meinen Einwand, mit 95 dürfe sie schon faul sein, wischt Rösli beiseite, auch über eine mögliche Abhängigkeit oder einen Umzug in ein Alterszentrum will sie nicht reden. «Ich verliere nicht viele Gedanken daran, ich hoffe einfach, dass es ohne geht.» Willi: «Ich würde mich mit aller Kraft wehren gegen einen Umzug ins Heim, mit dem Willen kann man viel erreichen. Übers Sterben dagegen reden wir offen.» Rösli: «Aber nicht philosophisch, sondern praktisch. Wir wissen beide genau, was wir wollen, um Himmels willen kein Getue. Wir können auch mit den Kindern gut darüber reden, eine Tochter war ja Krankenschwester und Hebamme, ihr Mann ist Hausarzt. Wir haben beide genaue Patientenverfügungen.» Jetzt wird die Stimmung aufgeräumt, beide witzeln. Willi: «Ich spende dann meine übriggebliebene Niere, die ist super, sie hat allein so lange gehalten.» Rösli: «Ich wollte auch schon wissen, wie lange man Organe spenden kann, doch es konnte mir niemand eine genaue Antwort geben. Aber wir könnten ja unsere Körper auch zu Studienzwecken zur Verfügung stellen. Weh tut es ja dann nicht mehr, wenn sie an uns rumschnetzeln.»

Die Sterbehilfeorganisation Exit ist kein Thema für die beiden. Rösli: «Ich finde es zwar keine schlechte Sache, aber in unserm Alter werden sie uns wohl nicht mehr zehn Jahre rumliegen lassen, wie sie es bei meiner Mutter noch getan haben.» Willi: «Ich esse dann einfach nichts mehr, wenn ich schwer krank bin. Das soll jetzt auch Mode sein.» Rösli: «Es ist, wie es ist. Ich mache mir keine Gedanken. Ich denke, wir Menschen sind ein Naturprodukt wie eine Pflanze, es wird ein Samen gesät, und dann wird ein Mensch geboren. Später, wenn der Mensch stirbt, geht der Samen wieder zurück, wo er herkam.» Willi flüstert dazwischen: «Jetzt wird sie doch noch philosophisch.» Rösli fährt weiter: «Und in den meisten Fällen hinterlässt dieser Mensch neue Pflanzen. Aus diesem Grund haben wir drei Kinder bekommen.»

Wir wissen zu diesem Zeitpunkt alle nicht, wie aktuell diese Worte beinahe geworden wären. Zwei Tage nach der Verabredung zum letzten Gespräch mit Fototermin ruft Willi aufgeregt an: «Wir sind in Braunwald, Rösli geht es ganz schlecht, sie kann nicht mehr atmen, sie muss ins Spital.» Als ich mich zwei Wochen später telefonisch nach ihrem Befinden erkundige, wirkt sie zuerst leicht verwirrt, wird dann zunehmend klarer und schon wieder witzig-sarkastisch: «Nein, ich kann nichts abmachen, ich habe jetzt immer etwas vor. Ich geniesse das Leben, gehe sogar mit dem Helikopter fliegen.» Später ruft Willi zurück, es gehe ihr nicht gut. Ich müsse warten, sie wolle weder reden noch fotografiert werden. Es wird dann rund einen Monat dauern, bis wir wieder im Wohnzimmer von Vogels sitzen. Rösli hat sich offensichtlich gut erholt, sie wirkt noch konzentrierter als beim ersten Gespräch, korrigiert bereits wieder die Fakten, wenn Willi immer noch sehr emotionell erzählt, was unterwegs nach Braunwald passierte: «Plötzlich fiel sie am Bahnhof fast um, ihr war schwindlig, jemand brachte Wasser. Wir tranken eben zu wenig unterwegs.» Rösli: «Das hat gar nichts mit Trinken zu tun, es ging mir schon vorher von Tag zu Tag schlechter.» Doch sie schafften es ins Ferienhaus. Drei Ärzte, alle drei Familienmitglieder, kümmerten sich um sie. Sie bekam Sauerstoff und wurde mit dem Hubschrauber ins Spital Glarus transportiert. Sie ärgert sich, dass sie sich kaum mehr erinnern kann. Nur der Helikopterflug ist klar in ihrem Gedächtnis haften geblieben, da sie in dieser Zeit offenbar besser mit Sauerstoff versorgt wurde. Was fehlte ihr wirklich? «Es hiess Lungenentzündung, und Herzinsuffienz.»

Auch wenn es Rösli wieder bessergeht, Spuren hat der Vorfall trotzdem hinterlassen. Willi, der sonst meist zu Witzen aufgelegt ist, wirkt immer noch traurig. «Ich hatte wahnsinnige Angst, ich dachte, sie werde sterben. Und das in Braunwald, wo mich jeder Gegenstand an sie erinnert.» Rösli: «Mich ging das Ganze ja gar nichts an. Aber es hiess, ich sei auf der Kippe gewesen.» Willi: «So ist sie, im Spital witzelte sie noch im schlimmsten Zustand.» Rösli: «Das ist ein Abteil in meinem Kopf, das immer funktioniert, das stirbt vermutlich nach mir.»

Wir sind beim Thema Witze angelangt. Die beiden erzählen von Röslis langer Karriere als humoristische Familiendichterin bei Festen und

Geburtstagen. Die Familie hat die losen Zettelchen gesammelt und zwei Gedichtbändchen als Geschenk für Rösli binden lassen. Viele kann sie auswendig, eines sagt sie mir gleich auf, sie schrieb es vor vielen Jahren auf eine Postkarte aus Südfrankreich:

> Brigitte Bardot nicht getroffen
> Ganz umsonst herumgeloffen
> Willi sitzt voll Ach und Weh
> An der Plage von St. Tropez
> Und er denkt mit Wut im Bauch
> Notfalls tuts die Rosa auch

1   Schweizer Spielfilm von 2017 rund ums Frauenstimmrecht.

Rösli:
« Wir reden beide offen über
  das Sterben, wir wissen,
  was wir wollen.»

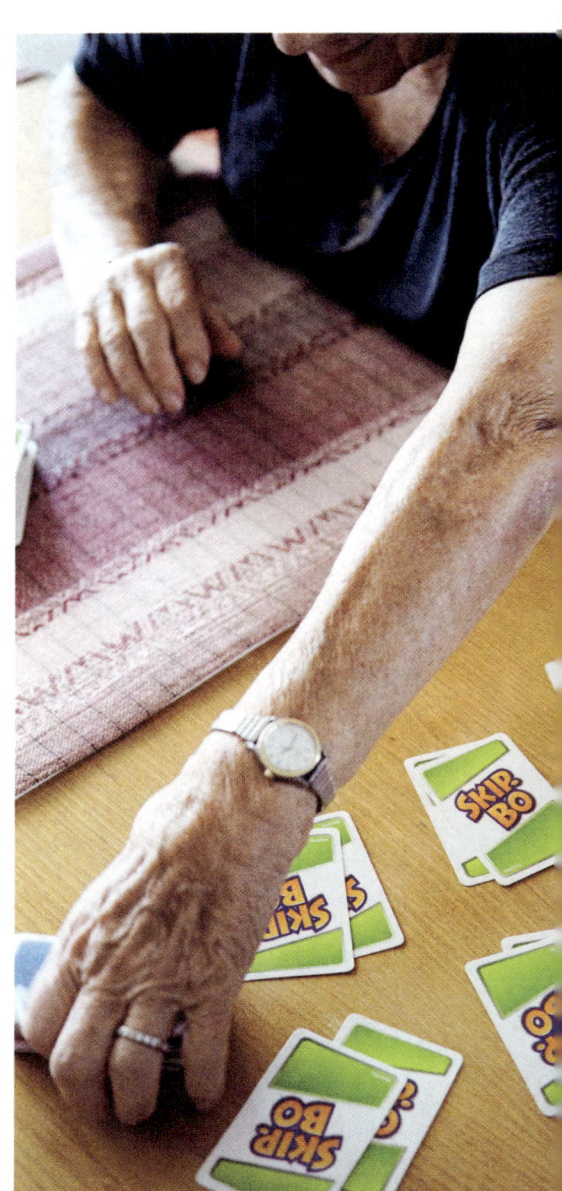

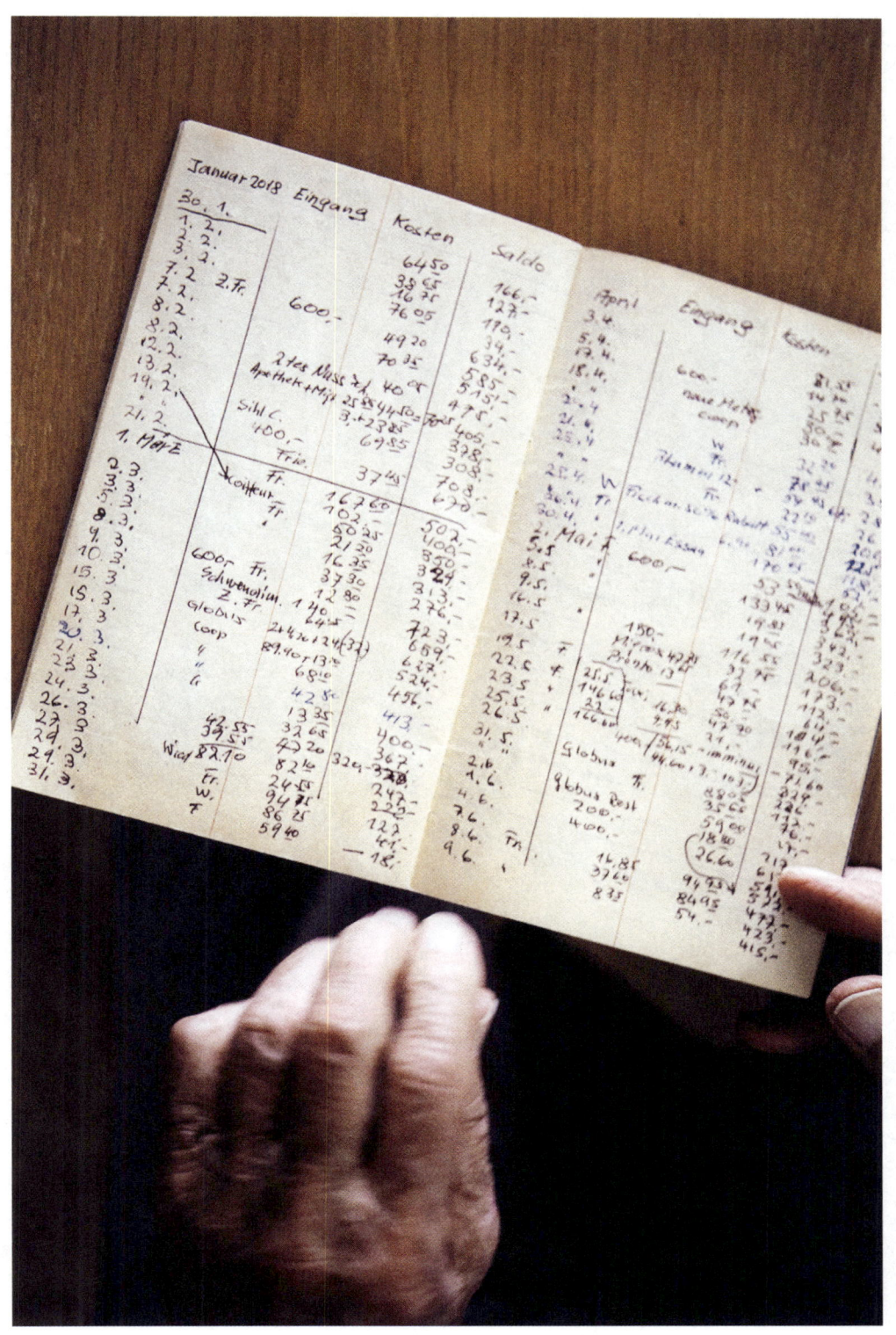

Willi:
**«Jetzt ist Tennis wichtiger,
man muss da nicht ganz
so lange rennen.»**

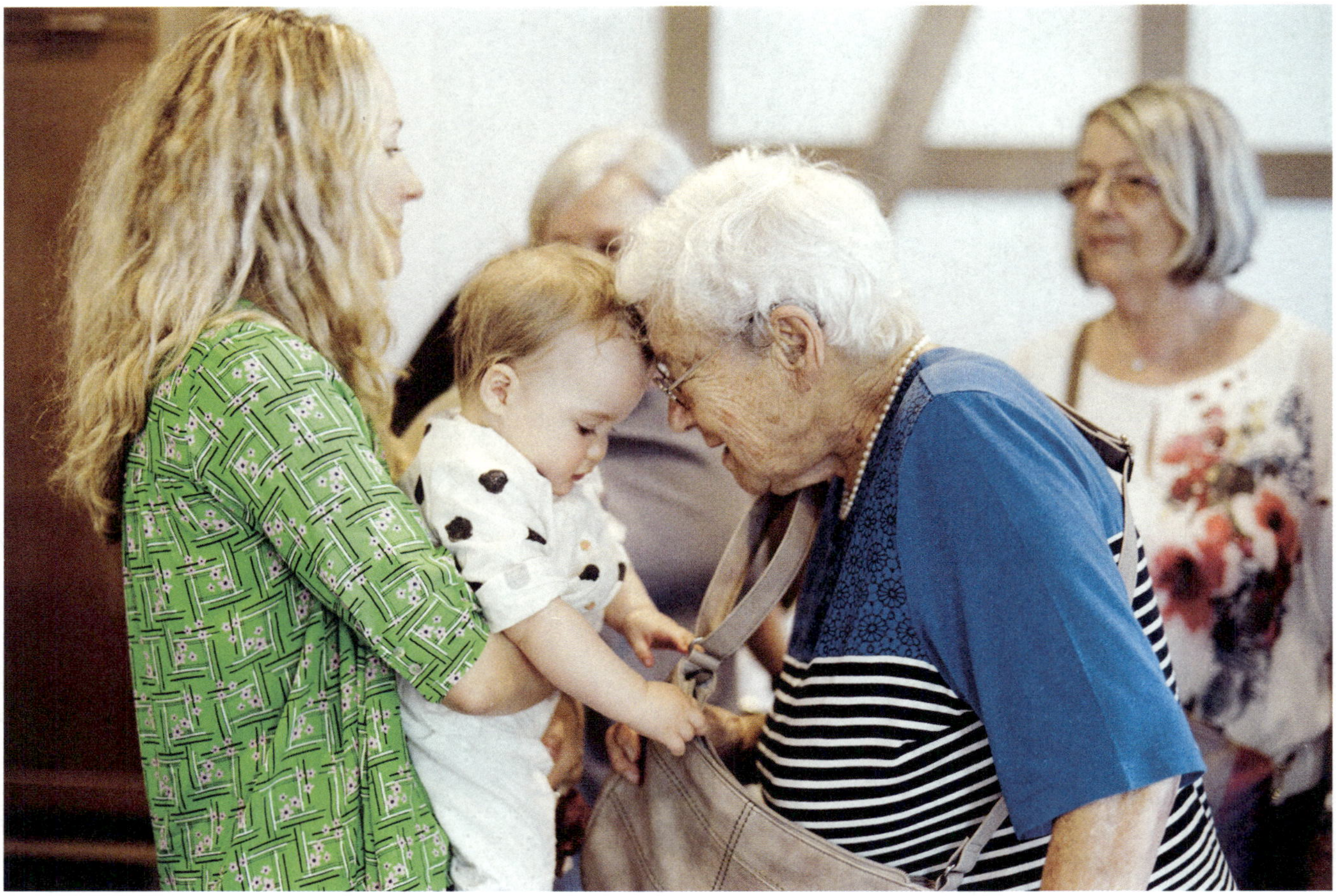

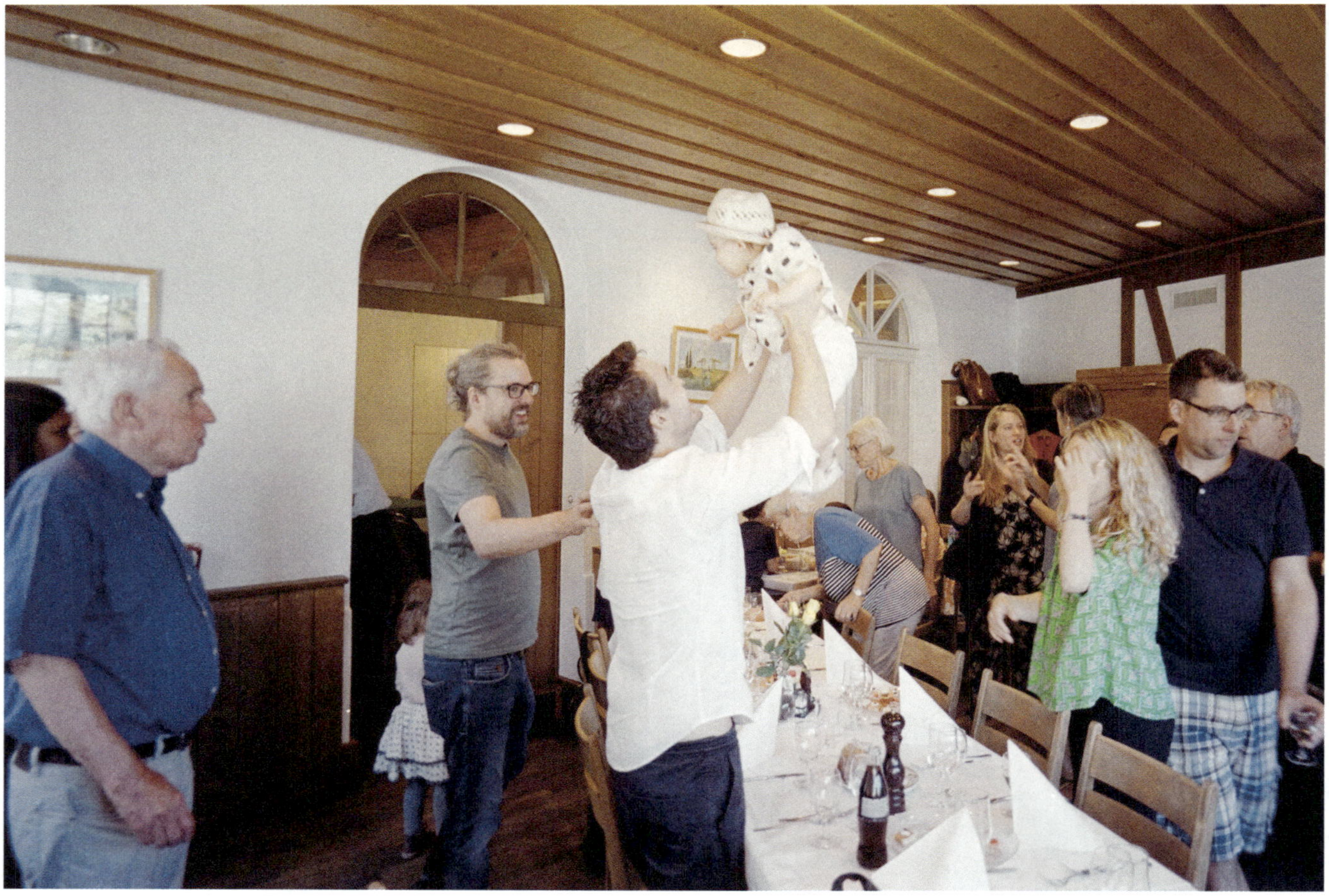

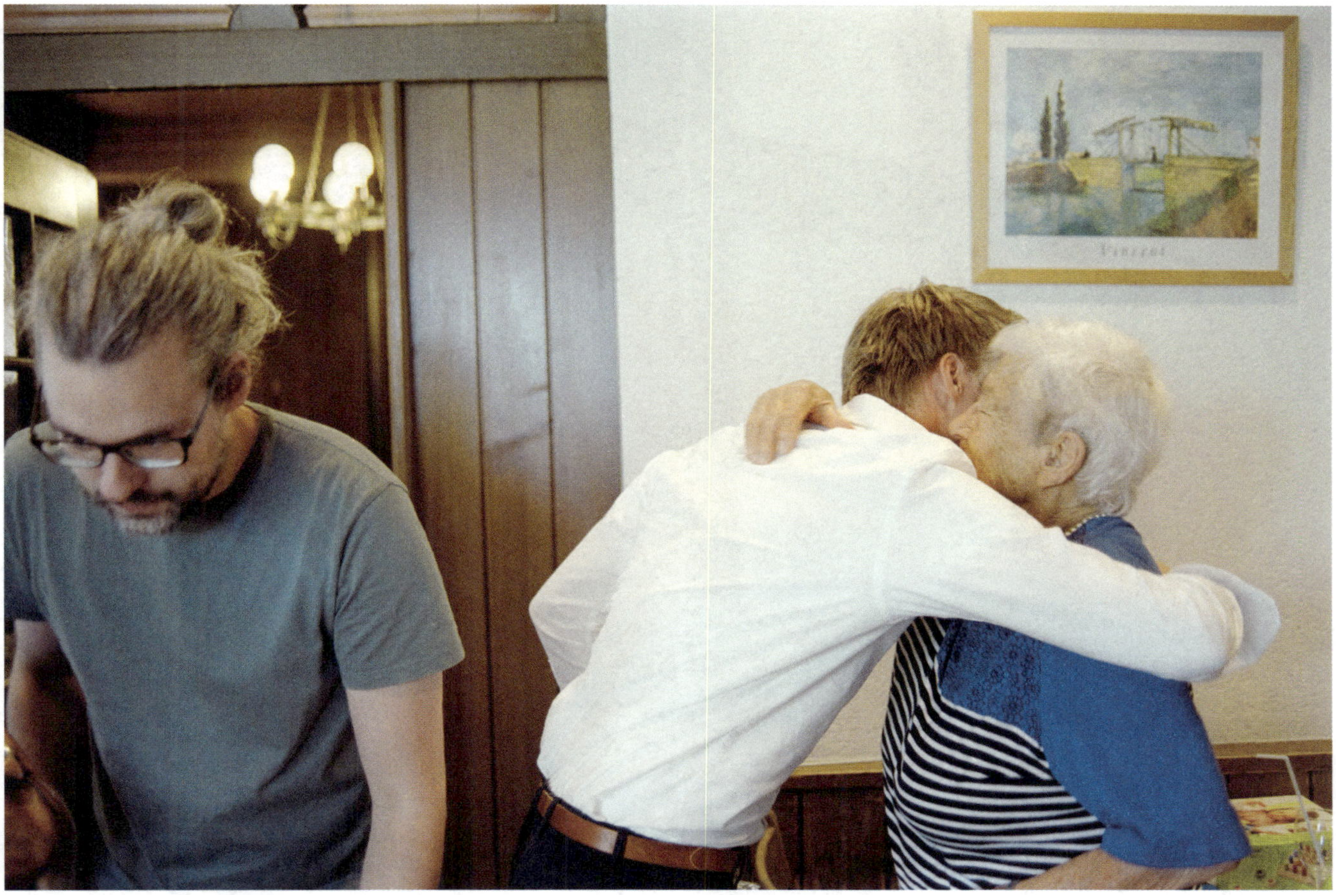
Vincent

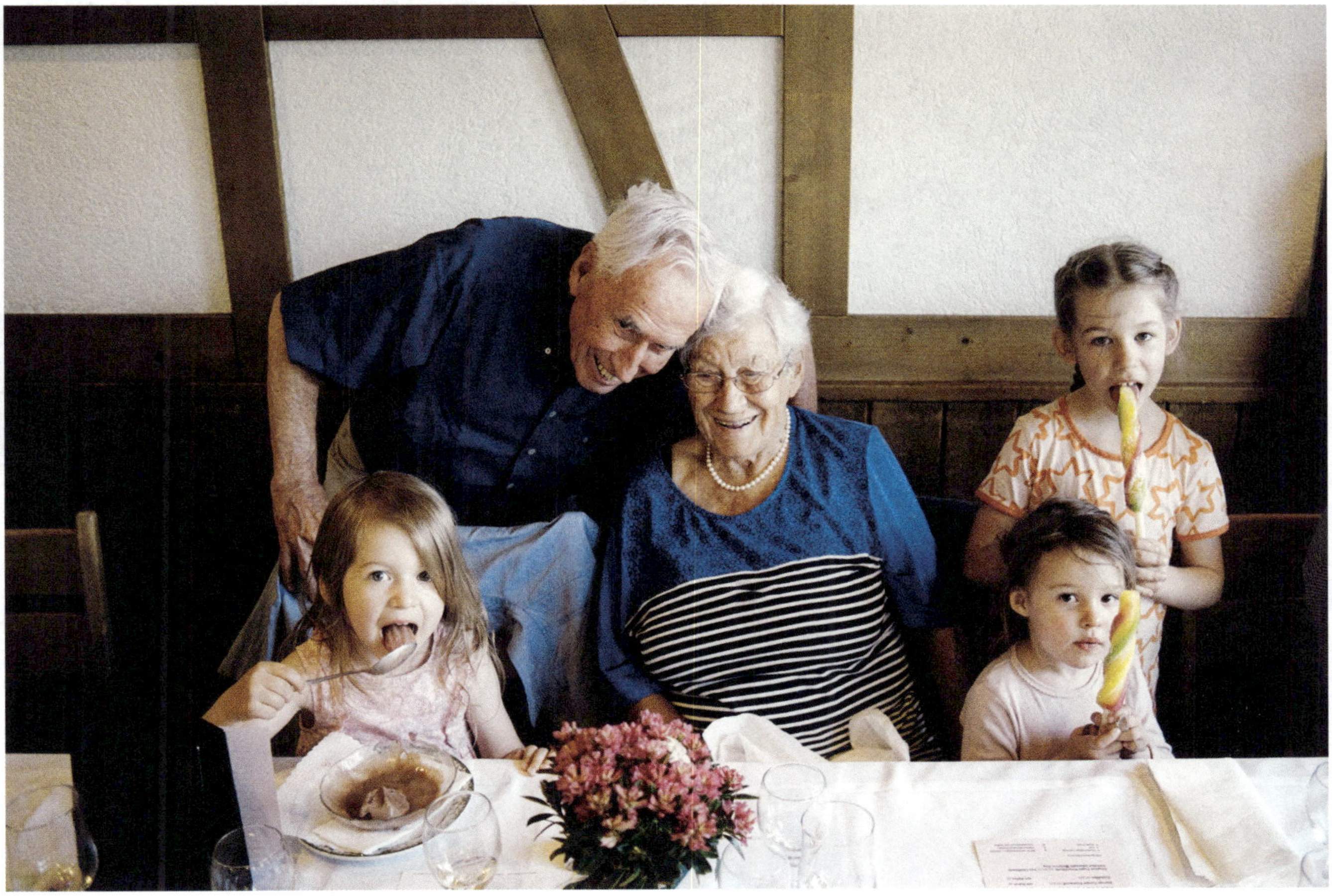

Vreni
Marbacher

Vreni Marbacher *28. September 1924

Vreni Marbacher holt mich mit ihrem Kleinwagen an der Busstation ab. Sie wohnt im idyllischen Sensebezirk im fribourgischen St. Antoni, inmitten einer fast intakten Landschaft mit sanften grünen Hügeln. Unterwegs begegne ich weidenden Kühen und einer Schafherde. Vreni fährt sicher und schnell den Berg hoch zu ihrem Einfamilienhaus und beginnt schon im Auto zu erzählen: «Oft wird man in meinem Alter nicht mehr für voll genommen. Die Leute sagen: ‹Was, du fährst noch Auto!›, oder ‹Was, du fährst noch auf der Autobahn!› Und ich erinnere sie dann an all die Jugendlichen, die betrunken Auto fahren. Das ist bestimmt gefährlicher. Ich habe vor zwei Jahren einen freiwilligen Test mit einem Experten des Touring-Clubs gemacht. Er sagte, er habe nicht das Geringste an meiner Fahrweise auszusetzen. Und vor kurzem habe ich beim Arzt wieder meine Fahrtauglichkeit testen lassen. Auch er fand, es sei alles in Ordnung. Trotzdem, längere Fahrten mache ich nicht mehr allein. Zum Einkaufen und zum Zahnarzt oder Ähnliches wäre ich ohne Auto ziemlich aufgeschmissen.»

Auf Vreni Marbacher wurde ich von zwei Personen aufmerksam gemacht, eine schickte mir gar ein Video. Es zeigte ihren Auftritt im «Punto de Encuentro» in Zürich, einem Treffpunkt von linken Spaniern. Sie hatte dort von ihrem verstorbenen Mann berichtet, der als Schweizer im Spanischen Bürgerkrieg gekämpft hat. Sie selbst fand ihre Erzählung unwichtig, sie wisse ja gar nicht viel. Beeindruckt hat sie das Publikum wohl vor allem durch ihre Lebendigkeit. Denn ihre Erinnerungen an jene Zeit sind ja immer Geschichten aus zweiter Hand.

Trotzdem: der Spanische Bürgerkrieg ist ein Lebensthema für sie. Sie ist in Bern aufgewachsen und erinnert sich noch gut: Schon in der Sekundarschule 1936 sammelte die «Ayuda Suiza» Geld und Kleider für die Frauen und Kinder im Bürgerkrieg. Das Schicksal dieser Menschen hat sie damals sehr beeindruckt. Ihre Begeisterung wurde sicher auch gefördert von ihrem Vater, den sie als «Linken» bezeichnet. Seine Gesinnung hat ihm offenbar als Angestellten des Remonten-Depots, wo Pferde der Schweizer Armee gepflegt wurden, auch hie und da Probleme bereitet. An Genaueres kann Vreni sich aber nicht erinnern.

Wie die meisten Mädchen ihrer Generation absolvierte sie nach der obligatorischen Schulzeit das Welschlandjahr auf einem Bauernhof. Dort wurde sie von der Ehefrau des Bauern sehr schlecht behandelt. «Die Frau war sehr unglücklich und wollte nicht Bäuerin sein. Sie war ursprünglich Lehrerin und liebte das Landleben überhaupt nicht. Ich hatte schrecklich ‹längi Ziit› (Heimweh) und war froh, als es vorbei war. Dann machte ich die KV-Lehre, arbeitete bei der Oberpostdirektion, wo es sehr langweilig war, und fand später eine gute Stelle beim kantonalen Arbeitsamt. Das war noch während dem Krieg, den wir aber kaum spürten. Nur mein Vater hatte grosse Angst, dass Hitler einmarschieren könnte, er hörte immer dessen Reden im Radio. Was mir sehr gut gefiel, waren die Velotouren mit den Eltern zu einem Bauern, der uns Eier verkaufte. Ja, man hatte nicht gerade alles, aber es war auch keine furchtbare Zeit.»

Dann, kurz nach dem Krieg besuchte sie einen Spanischkurs, der ihr Leben verändern sollte. Da war auch José, der ehemalige Spanienkämpfer, der endlich sein Spanisch verbessern wollte, denn er war in Genf aufgewachsen, und im Bürgerkrieg sprach er als er Mitglied der Internationalen Brigaden kaum Spanisch. «Er gefiel mir sofort, auch wenn er elf Jahre älter war als ich. Dass er in Spanien gekämpft hatte, faszinierte mich, und er war ein sehr schöner Mann. Er war Mitglied der PdA (Partei der Arbeit) und sehr gebildet, obwohl er nicht lange die Schule besuchen konnte.» José kam aus einer völlig andern Welt und hatte ein sehr bewegtes Leben hinter sich, als er Vreni kennenlernte. Seine Mutter trat nach dem Tod ihres Mannes und eines Bruders – beide starben an der Spanischen Grippe – einer Sekte bei, und José, der sich nicht wohlfühlte in den Villen der Sekte, in denen er mit der Mutter wohnen musste, riss mehrmals aus. Wegen seiner schwierigen Jugend konnte er keine Lehre machen und blieb zeitlebens Arbeiter. Als Vreni ihn kennenlernte, lebte er in Bern, denn der Kanton Genf hatte ihn als ehemaligen Spanienkämpfer ausgewiesen, das war damals noch möglich. Er brauchte noch viele Jahre nach der Hochzeit eine Bewilligung, um seine Tante, bei der er als Jugendlicher gewohnt hatte, in Genf besuchen zu können.

Ein Jahr nach der Hochzeit 1947 kam die Tochter zur Welt, acht Jahre später der Sohn. «Ich blieb zu Hause, als ich schwanger wurde. Mit kleinen

Kindern kam es damals keiner Frau in den Sinn, weiterzuarbeiten. Aber später hatte ich viele gute Stellen.» Vreni Marbacher beginnt, ihre vielen Jobs aufzuzählen. Manchmal ist sie sich der Reihenfolge nicht mehr sicher, was bei einem so langen und komplexen Leben ja auch verständlich ist. «Zuerst arbeitete ich im Sekretariat einer Abendschule. Dann bekam ich eine sehr interessante Stelle bei der Botschaft der damaligen Tschechoslowakischen Sozialistischen Republik in Bern. Dort übersetzte ich Deutsch, Englisch und Französisch und begleitete oft den Botschafter. Er war Professor, ein sehr interessanter und liebenswürdiger Mann. Als ein neuer Botschafter kam, zu dem ich keinen guten Draht fand, verliess ich die Botschaft und fand eine Stelle in einer kleinen Firma als Buchhalterin. Noch später bekam ich eine Stelle in einem Geschäft für Hörgeräte. Dank der Besitzerin konnte ich mich zur Hörgeräteakustikerin weiterbilden.» Sie erinnert sich daran, dass sie eigentlich ihr Hörgerät einsetzen könnte. Da ich schon mehrere Personen mit Hörproblemen interviewt habe, hatte ich mich inzwischen schon ans lautreden gewöhnt. Trotzdem bin ich froh, meine Stimme etwas ausruhen zu können. Aber die Fachfrau korrigiert diesen Eindruck sofort: «Nicht die Lautstärke ist das Problem, sondern die hohen Töne. Es nützt gar nichts, wenn du schreist.»

José war Arbeiter, Vreni hatte eine gute Ausbildung. Ich frage sie, ob die verschiedenen Ausbildungsniveaus nicht zu Problemen in der Ehe führten. «Ich glaube nicht, aber das müsste man eigentlich José fragen. Für mich war das nie ein Thema, es gab auch nie Streit deswegen. Er war so belesen, so gescheit. Sein einziger Fehler war, dass er manchmal ‹täubelte›. Natürlich habe ich viel mehr verdient als er. Vielleicht war auch der Feminismus deshalb kein Thema für mich. Beim Arbeitsamt während dem Krieg waren meine Chefinnen Frauen, und die Besitzerin der Hörgerätefirma war eine ganz tolle Frau, alle liessen mir viel Freiheit. Da ich nicht mit Männern zusammenarbeitete, gab es auch keine direkten Lohnunterschiede. Und weder mein Vater noch mein Mann haben den Patriarchen rausgehängt. Nur dass ich nicht abstimmen durfte, das fand ich total ungerecht. Aber ich war sowieso immer derselben Meinung wie José.»

Der Spanische Bürgerkrieg war auch in der Ehe der beiden immer präsent: «José erzählte viel, aber nie vom Schiessen und Töten, sondern von seiner Verletzung im Gesicht, die er während dem Krieg bei der Schlacht am Ebro[1] erlitten hatte, und dann vor allem von den Menschen, die er kennenlernte. Er hat seine Erlebnisse in Spanien auch in einem Buch geschildert.»[2]

Auch das gesellschaftliche Leben des Ehepaars war stark durch Kontakte mit ehemaligen Spanienkämpfern geprägt. «Wir reisten nach der Franco-Zeit mehrmals als Gruppe nach Spanien, und wir hatten gute Kontakte mit einem Ehepaar aus Vermont in den USA. Der Mann war Kapitän eines Schiffs gewesen, das die Amerikaner der spanischen Republik zu Hilfe geschickt hatten. Auch mit der Frau des damals jüngsten Spanienkämpfers bin ich noch befreundet. José und ich reisten nach Russland, Bulgarien, Rumänien und Polen, und natürlich besuchten wir oft unsern Sohn Pierre, der dreissig Jahre in Brasilien lebte und mit einer Brasilianerin zwei Kinder hatte. Alle drei leben heute in der Schweiz. Damals hat mich die Armut in diesem riesigen Land unglaublich beeindruckt.»

Vreni Marbacher ist ein Kommunikationsgenie, hat viele Kontakte im Dorf, besucht den Mittagstisch der Samariter, den Altersnachmittag und ist Mitglied der Landfrauenvereinigung. «Eine meiner besten Freundinnen ist die ehemalige Pfarrerin unseres Dorfs. Sie hat jeden Monat spezielle Filme gezeigt, die man sonst in unserer Gegend nicht sehen konnte. Religiös bin ich nicht, wir reden miteinander nie über Religion, sind aber in gutem Kontakt geblieben, nachdem sie das Dorf verlassen hat. Auch meine Hausvermieterin wohnt gleich nebenan und ist ein totaler Schatz, nicht mal meine Abfallsäcke muss ich selbst entsorgen.» Vreni ist Mitglied beim Naturhistorischen Museum, beim Tierpark Bern, beim Musée d'Art et d'Histoire und beim Heimatverein in Fribourg, dann auch noch beim TCS. «Fast überall mache ich bei Veranstaltungen oder Ausflügen mit, mit dem TSC zum Beispiel reisten wir in die Toskana. Für all diese Anlässe brauche doch ich das Auto, auch wenn ich Abendanlässe meide, weil ich nachts nicht mehr fahren will. Seit der Staroperation blendet es mich zu stark. Aber es sind zu viele Vereine, ich fange jetzt an auszutreten.»

Sie deklariert sich als Linke, ist auch immer noch Sympathisantin der Partei der Arbeit, auch wenn sie politisch nie aktiv war, und sieht keinen Widerspruch zu all den bürgerlichen Vereinen, in denen sie Mitglied ist. Was heisst links sein für sie? «Ja, eben gegen den Finanzkapitalismus zu sein und für die Rechte der Arbeitenden und des Mittelstands, der immer ärmer wird. Das dünkt mich so selbstverständlich, dass ich es gar nicht erwähnenswert fand. Karl Marx sagte das viel besser als ich, und man konnte doch jetzt überall lesen, in wie vielem er recht hatte. Denken die Grosskapitalisten eigentlich nicht an die Zukunft ihrer Kinder? Wieso tun die nicht mehr für die Umwelt?» Ich finde das etwas abstrakt und frage sie, ob sie mir konkretere Beispiele für ihre Haltung nennen könne. «Ja, ich spende immer für das Fastenopfer, das ist zwar katholisch, macht aber eine gute Arbeit. Am wichtigsten sind mir Projekte, die Bauern in Südamerika und in Afrika unterstützen. Würde ich eine Million gewinnen, würde ich denen fast alles spenden. Ich kann gut leben von der Rente und mir die Miete leisten.»

     Ihr gemietetes Einfamilienhaus liegt wunderschön auf einer Anhöhe mit Blick auf die Freiburger Voralpen und den Jura. Natur ist ihr wichtig, sie erzählt denn auch begeistert von einem Ausflug mit der ganzen Familie samt den drei Urenkeln ins «Signal de Bougy», einen Freizeitpark am Genfersee mit einer tollen Aussicht. Vor lauter Begeisterung findet sie fast den Weg nicht mehr zurück zum Thema, sie ist eine ausufernde, intensive Erzählerin, redet mit blitzenden Augen und grossen Gesten. «Wo sind wir stehengeblieben? Ach ja, bei diesem Haus. Vor zwanzig Jahren zog ich mit meinem Mann hier ein, und nie habe ich mich irgendwo wohler gefühlt. Brauchen tue ich eigentlich nur zwei der vier Zimmer, aber die Aussicht und der Garten geben mir so viel Kraft. Ich muss hier bleiben, solange ich kann. Ich habe auch schon mal daran gedacht, einen Flüchtling aufzunehmen. Aber um den müsste ich mich ja dann auch intensiv kümmern, und so viel Energie habe ich eben doch nicht mehr.»

     Beim Hausrundgang fällt mir die Waschküche auf. Auch sie erinnert an den Spanischen Bürgerkrieg, es hängen zwei Reproduktionen von Picasso an der Wand. Das eine ist das berühmte Bild von Guernica, der Stadt, die im Bürgerkrieg von den deutschen und italienischen Alliierten Francos zerstört wurde. Es duftet im Raum intensiv nach frischer Wäsche, und sie erzählt, dass sie soeben dem Sohn die Wäsche gemacht habe. Ich schaue wohl sehr erstaunt drein. «Waschen braucht ja keine Kraft, und ich bügle fürs Leben gern.

Dafür mäht mir der Sohn den Rasen. Und putzen tu ich nicht mehr selbst, da kommt jemand. Aber kochen tu ich noch ganz begeistert, und Sohn und Tochter kommen jeden Sonntag zu mir zum Essen. Beide wohnen nicht sehr weit weg und schauen gut zu mir.»

Die ersten Jahre im Haus hat sie noch mit José hier gelebt, bis er 2003 starb, immerhin wurde er auch neunzigjährig. «Er hatte Wasser auf der Lunge – oder war es das Herz, was weiss ich – und musste ins Spital. Dort wurde er zwar behandelt, aber er fing an zu spinnen und war total verwirrt. Der Fürsorger wollte ihn ins Pflegeheim einweisen und mich gleich mit! Mich! Mit 79, und so gut beieinander! Das konnte ich nicht akzeptieren. Da nahm ich José heim und pflegte ihn drei Monate lang. Dann fiel er auf den Kopf, und das wars, er starb vier Tage später, und musste nicht ins Heim.» Sie will mir ein Foto von José zeigen und muss lange suchen, stehen doch über zwanzig Fotoalben im Büchergestell im Schlafzimmer. Endlich findet sie ein Bild von beiden, sie war 59, er 70. Ihr Gesicht wird ganz weich: «Ja, er war wirklich ein schöner Mann. Nach seinem Tod war ich oft krank.» Erst jetzt kommt ihr in den Sinn, dass sie vor zwei Jahren fast gestorben wäre. «Ich bin umgefallen, auf den Kopf, und habe das Genick gebrochen, den zweiten Halswirbel, das war nicht lustig, viele sterben ja daran. Ich wurde operiert, kam in die Reha und hatte dann nur noch ein Problem, ich konnte nicht mehr gut reden.» Sie zeigt mir eine Narbe am Hals. «Da musste der Chirurg durch, um die Wirbelsäule zu operieren. Der Hals-Nasen-Ohren-Arzt meinte, das sei eine Lähmung, er könne für nichts garantieren. Er riet zur Logopädie. Und nach vier Besuchen bei der Logopädin konnte ich wieder sprechen. Diese Frau besucht mich heute noch öfters.» Und erst Wochen später, nachdem sie den Fototermin zweimal verschieben musste, erzählt sie mir von ihrer Nasenoperation wegen Hautkrebs – und sogar von einer Herzoperation, die sie vor zwanzig Jahren überstanden hat. «Es stimmt, ohne die moderne Medizin wäre ich längst tot, und wenn ich in einer Favela in Brasilien leben würde, gäbe es mich nicht mehr. Aber über Gebresten reden ist nicht mein Ding, das interessiert doch niemanden, und macht am Ende eher kränker. Jetzt lebe ich halt einfach weiter. Nur vor dem Umfallen habe ich Angst. Und was schon traurig ist, alle sterben weg. Vor zwei Jahren hatten wir zu dritt noch die letzte

Klassenzusammenkunft. Jetzt bin nur ich übriggeblieben. Zum Glück kenne ich viele jüngere Leute. Ich bin nicht lebensmüde, aber ich wäre auch bereit zu sterben. Meine Kinder wären sicher eine Zeitlang traurig, aber ich habe den Tod meiner Eltern auch überlebt, das ist der Welt Lauf.» Und jetzt, fast begeistert, erzählt sie, dass für ihre Abdankung schon gesorgt sei: «Die mit mir befreundete Pfarrerin hat gesagt, sie mache dann meine Abdankung gerne, sie kenne meine Einstellung und wisse schon, was richtig sei.»

Von Exit hat sie erst kürzlich gehört, als ein 104-jähriger Australier in die Schweiz zum Sterben kam. Mitglied ist sie nicht. «Ich denke, die würden mir dann schon helfen, wenn es so weit wäre. Ich mache mir einfach keine Gedanken, das ist am besten. Ich bin eben eine Optimistin. Und ich komme auch aus einer langlebigen Familie. Schon der Grossvater wurde über neunzig, die Mutter auch, und eine Tante wurde gar 106 Jahre alt! Bis sie 104-jährig war, ging es ihr wunderbar in ihrem Häuschen, dann fiel sie um und musste ins Altersheim. Also, so wie sie möchte ich auch 104 Jahre alt werden. Und auf keinen Fall ins Altersheim. Das wäre aber immer noch besser als zu den Kindern, denn man soll im Alter niemandem zur Last fallen. Nur jung sein in der heutigen Zeit möchte ich nicht mehr, ich sehe zu schwarz für die Zukunft. Traurig macht mich eigentlich nur, dass ich keine Gartenarbeit mehr machen mag, ich werde so schnell müde. Doch dann muss ich mir zugeben, dass ich eine uralte Frau bin. Ich kann noch so vieles geniessen, die Ausflüge mit der Familie, Konzerte. Ich lese gerne und viel, vor allem französische Zeitungen. Und ich lese die angelesenen Bücher weiter, die seit langem im Regal stehen, Thomas Mann, Theodor Storm – mein Liebling fürs Gemüt –, Victor Hugo und Emile Zola auf Französisch. Deshalb will ich auch keinen Computer, sonst würde ich am Ende nur noch vor ihm sitzen.»

Auch zu ihrem Fernsehkonsum hat die gelernte Hörgeräteakustikerin eine eigene Geschichte: «Weil ich bei den Spielfilmen die Obertöne nicht mehr höre, habe ich mir diesen drahtlosen Verstärker mit Kopfhörer gekauft, das ist ganz toll, das sollten alle haben, die sich beklagen, das Fernsehen sende zu leise, und damit die Mischung zwischen Sprache und Musik meinen.»

Zum Abschied erzählte Vreni, dass kürzlich eine Bekannte gesagt hätte, seit sie sie kenne, hätte sie keine Angst mehr davor, alt zu werden. Darauf war sie sehr stolz.

Mit ihrer Neugier und ihrem Lebensmut hätte ich ihr zugetraut, dass sie 104 Jahre alt wird. Leider ist sie kurz bevor dieses Buch in Druck ging, nach sehr kurzer, schwerer Krankheit gestorben. Ihre Tochter Helene Marbacher rief mich an und bat um den Buchtext und Fotos. Es sei ein ruhiges, friedliches Sterben gewesen, sagte sie. Später schrieb sie: «Leider kamen wir zu spät, um uns zu verabschieden. Doch ich habe in diesem Text meine Mutter wiedergefunden. Wir hatten einen aussergewöhnlich engen Kontakt mit ihr und sind dankbar, dass sie bis zuletzt völlig selbständig war.» Sie schickte der mit Vreni befreundeten Pfarrerin Monika Clémençon den Text und diese verwendete Auszüge daraus für die Abdankung, die sie genau so gestaltete wie mit Vreni besprochen. Die Pfarrerin schrieb mir: «Am Tag, als Vreni starb, besuchte ich sie noch im Spital. Wie so oft waren wir in kurzer Zeit in ein angeregtes Gespräch über Politik verwickelt.»

Vreni durfte so sterben, wie sie es sich gewünscht hat, ohne in ein Pflegeheim zu müssen. Und der Trauergottesdienst war genau so, wie sie ihn mit der Pfarrerin vorbesprochen hatte. Monika Clémençon las Auszüge aus unserm Text vor, auf Berndeutsch allerdings. Ein Mitglied der Trauergemeinde sagte: «Es war, wie wenn Vreni ein letztes Mal direkt zu uns gesprochen hätte.»

1   Die Schlacht am Ebro vom 25. Juli bis 16. November 1938 war die letzte grosse Offensive der bereits überlegenen franquistischen Truppen gegen die republikanische Regierung während des Spanischen Bürgerkriegs.

2   «Ein Schweizer im Spanischen Bürgerkrieg», Rotpunktverlag, Zürich 1996.

«Oft wird man in meinem
Alter nicht mehr für
voll genommen,
das ist das Schlimmste
für mich.»

«Ich bin nicht lebensmüde,
aber ich wäre auch bereit
zu sterben.»

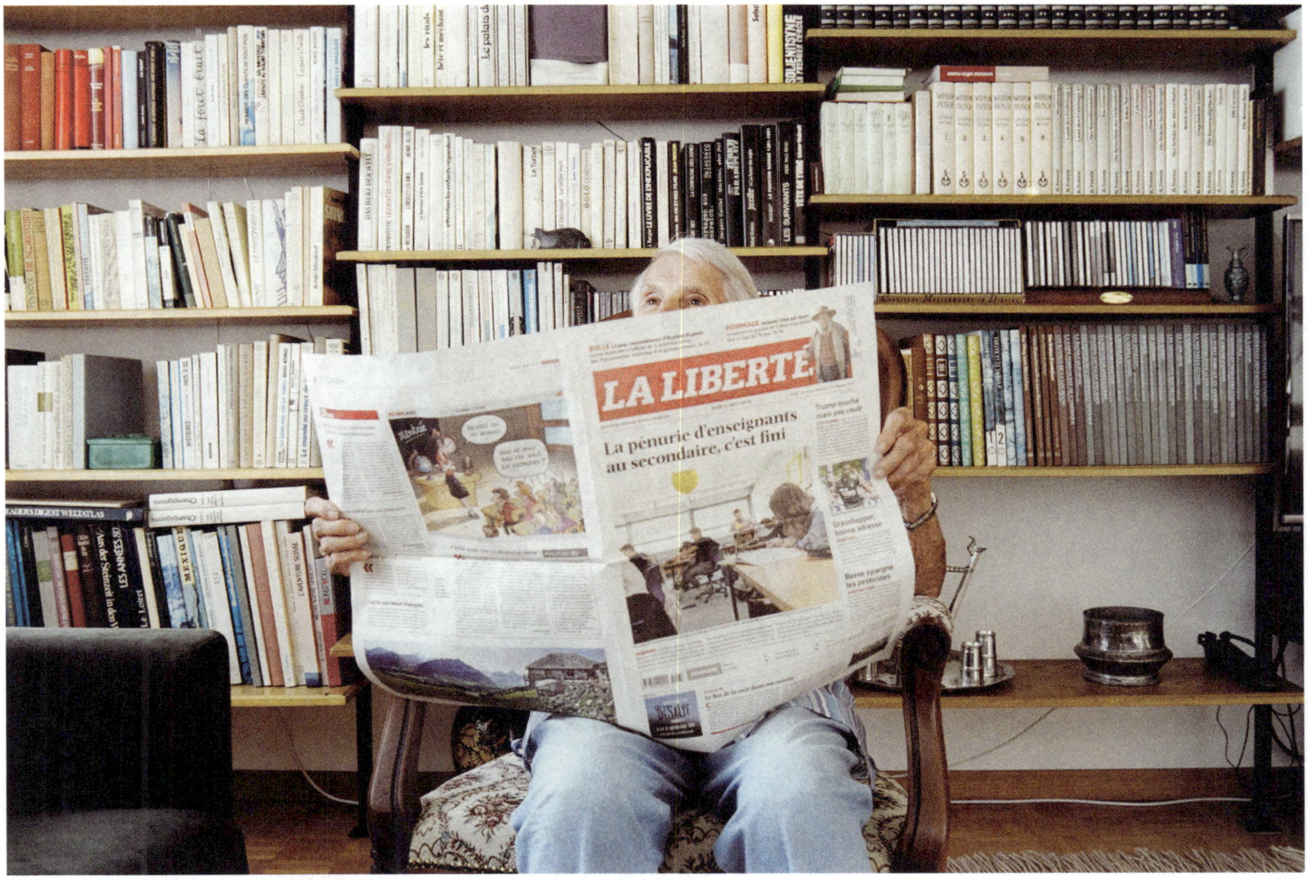

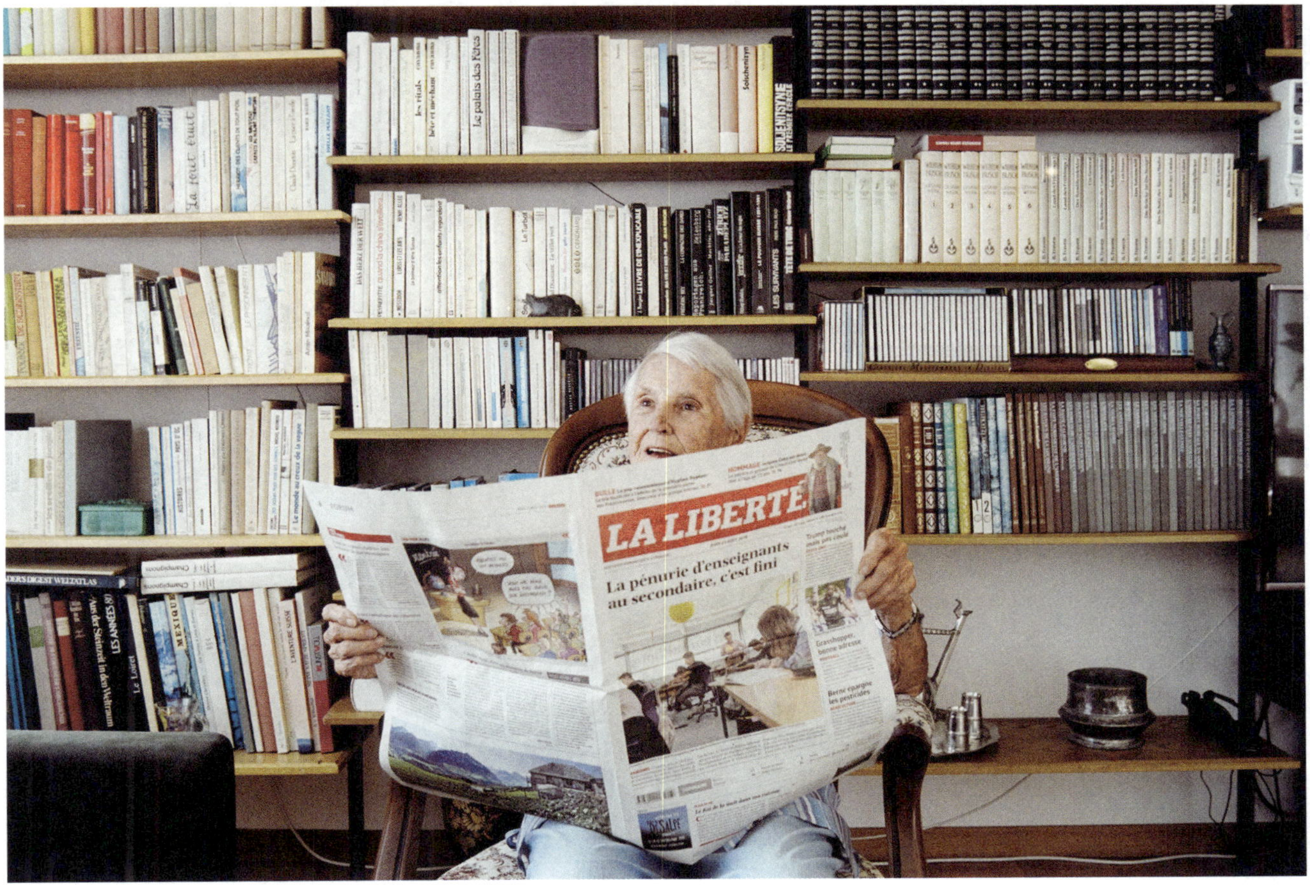

Agnes Guler

Agnes Guler *10. März 1924

1. Mai 2017 in Zürich. Im strömenden Regen harrt Agnes Guler an der Kundgebung aus, begleitet von ihrer ältesten Tochter Anna und Enkelin Christine. Die drei gehören zu den wenigen, die durchgehalten haben, die meisten Demonstrationsteilnehmer haben sich längst ins Trockene gerettet. Jahrelang habe ich Agnes nicht gesehen – sie muss doch auch schon über neunzig sein, geht es mir durch den Kopf. Ich kenne sie aus der Zeit, als sie Zürcher Kantonsrätin war, in den achtziger Jahren des letzten Jahrhunderts. Vor allem ihre frauenpolitischen Vorstösse sind mir in Erinnerung geblieben. Sie war immer ruhig, konsequent, kompromisslos in der Sache, offen im Kontakt.

Fast ein Jahr nach dieser 1.-Mai-Kundgebung sitzen wir uns für ein erstes Gespräch gegenüber. Die 94-Jährige wirkt jung und lebendig, sie könnte auch sechzig oder siebzig sein, strahlt Wohlbefinden und Zufriedenheit aus. Gedächtnisprobleme hat sie fast keine. Dass sie im hohen Alter so fit ist, führt sie vor allem auf genetische Gründe zurück, viele Familienmitglieder wurden über neunzig. Und was hat sie selbst dazu beigetragen? «Vielleicht liegt es auch an meiner Haltung, ich bin immer aktiv gewesen, immer Optimistin, ich habe trotz grossen Schicksalsschlägen immer weiter gemacht. Als meine Mutter früh verunglückte, war ich diejenige in der Familie, die alles in die Hand nahm. Ich fühle mich auch überhaupt nicht alt, vor allem im Denken nicht.»

Sie lebt im Heute, sie erzählt aber auch sehr gerne von früher. Von der 16-jährigen Agnes, die als Fabrikarbeiterin in der Wolldeckenfabrik in Sils im Domleschg bald nach Kriegsbeginn 1940 eine grosse Verantwortung übernehmen musste, von den schlechten Arbeitsbedingungen. «Zwanzig Rappen verdiente ich pro Stunde, viel weniger als meine männlichen Kollegen. Die Überstunden wurden nicht ausbezahlt, der Fabrikherr, ein grimmiger Mann, wollte absolut keine Gewerkschaft, musste aber 1943 nachgeben, und es gab einen ersten Gesamtarbeitsvertrag.» Früh wurde sie politisiert und verliebte sich in einen gewerkschaftlich aktiven Arbeiter aus der Fabrik, ihren Steffi. Viel sah sie während dem Krieg nicht von ihm, da die meisten Arbeiter immer einen Monat im Grenzschutz standen und einen Monat in der Fabrik arbeiteten. Vorderhand lebte sie noch zu Hause, und auch am Familientisch im Dörfchen Scharans wurde politisch diskutiert, die Angst vor Hitler und Mussolini war allgegenwärtig. «Es war fast wie heute, wenn man an Trump und an Putin denkt, an Assad in Syrien und an die vielen Flüchtlinge. Es ist verrückt, dass all die Technik das Elend auf der Welt nicht verhindern kann. Wenn ich meine Jugend in die heutige Zeit verlegen könnte, würde ich vielleicht auch in ein Flüchtlingslager reisen, um zu helfen. Ja, ich wäre gerne nochmals jung, aber mit dem Wissen von heute.»

Sie hat früh, mit 23, geheiratet, hörte dann auf, in der Fabrik zu arbeiten, als sie Kinder bekam. Trotzdem sind ihre Erinnerungen stark vom Fabrikleben und den Arbeitskämpfen dieser Jahre geprägt. Hochschwanger mit der dritten Tochter war sie am «Marsch auf Bern» 1952 dabei, als Textilarbeiterinnen und -arbeiter vor dem Bundeshaus gegen Entlassungen protestierten. «Diese Solidarität, diese Stimmung, das war unglaublich. Zurück in Sils entliess der Fabrikherr alle, die am Marsch beteiligt waren. Und wieder erlebten wir tolle Solidarität, aus der ganzen Schweiz bekamen wir Geld und Lebensmittel.» Agnes' Mann, der den Streik in der Silser Wolldeckenfabrik angeführt hatte, fand aufgrund seiner gewerkschaftlichen Aktivität im ganzen Kanton Graubünden keine Stelle mehr, die Familie zog nach Zürich.

Das Foto dieses «Marsches auf Bern» hängt neben einem Bild jenes andern «Marsches auf Bern» 1969, als Emilie Lieberherr vor dem Bundeshaus das volle Stimmrecht für Frauen forderte – Agnes Guler wieder mittendrin. Sie war direkt nach dem Umzug nach Zürich in die SP eingetreten. «In Graubünden konnten die Frauen damals noch gar nicht Mitglied sein, man sagte uns, wir könnten ja sowieso nicht abstimmen, das sei also nicht nötig.» Agnes Guler muss jetzt noch lachen, wenn sie daran denkt.

Schnell engagierte sie sich in Zürich frauenpolitisch, machte in den SP-Frauengruppen mit und wurde in Kommissionen gewählt. Ihr erstes Amt war die Aufsichtskommission in der hauswirtschaftlichen Fortbildungsschule, weitere kamen dazu. Eine typische politische Frauenkarriere. «Ich war nicht lange nur Hausfrau, ich putzte an zwei, drei Orten, was ich absolut hasste, und fand dann eine Teilzeitstelle in einer Personalkantine am Buffet.» Und dann, mit 56, wurde sie Kantonsparlamentarierin, und zwar eine sehr aktive, engagierte. «Ich konnte ja nie eine Berufslehre machen, auch wenn ich schulisch dazu in der Lage gewesen wäre, wir hatten das Geld nicht dazu. Und dann war auch noch Krieg. Aber ich fühlte mich im Kantonsrat nie unterlegen, ich war in diese Arbeit langsam hineingewachsen durch das Mitmachen in vielen Kommissionen. Bei den SP-Frauen fühlte ich mich sehr aufgehoben, die Kämpfe gingen weiter. Fristenlösung, gleiche Rechte usw. Mein grösster Erfolg im Kantonsrat war, dass ich mit zwei anderen Erst-unterzeichnerinnen das kantonale Gleichstellungsbüro durchgebracht habe. Und jetzt zittere ich immer noch bei jeder Budgetdebatte, wenn die SVP es abschaffen will.»

Ihr Mann starb früh, kaum war sie in den Kantonsrat gewählt worden. Das war ein schwerer Schicksalsschlag für Agnes, denn sie bezeichnet ihre Ehe als ausgesprochen glücklich. «Wir liessen einander alle Freiheiten, jeder zog sein Ding durch, eine durch und durch moderne Ehe vor der Zeit, wie es heute sein sollte und leider nicht bei allen meinen Töchtern und Enkelinnen war.» Und so wurde sie mit der Witwenrente quasi Berufspolitikerin, bis übers AHV-Alter hinaus. Mit fast neunzig organisierte sie noch Versammlungen der SP-Seniorinnen. «Ich finde, die Partei sollte die ältere Generation besser integrieren, ihre Anliegen aufnehmen, zusammenarbeiten, nachfragen. Aktiv politisieren kann ich jetzt nicht mehr, das ist vorbei. Doch abstimmen, mitdenken, mich informieren, diskutieren, das gehört zu mir, ohne das könnte ich nicht leben.» Was die jüngere Generation denkt, ist ihr sehr wichtig. Ihre sechs Enkel und zehn Urenkel halten sie zuverlässig auf dem Laufenden.

Und so wird jeden Sonntag in ihrer Dreizimmerwohnung am grossen Holztisch politisiert. Denn jeden Sonntag kocht sie für ihre Familie – meist sind es neun bis zwölf Personen – ein gutes Mittagessen. Jedes Mal hat sie vorher auch einen leckeren Kuchen gebacken, auf den sich schon alle freuen. Urenkel Jann, dabei beim Fototermin, meint trocken: «Die wenigsten meiner Freunde haben so fitte Grossmütter, und Urgrossmütter schon gar nicht.» Die älteste Tochter Anna hilft beim Kochen, sie wohnt im selben Haus in der Allgemeinen Wohnbaugenossenschaft ABZ. Auch eine andere Tochter wohnt in der Nähe. Alle drei sind schon seit 23 Jahren Nachbarinnen. Es ist dieselbe Genossenschaft, in der Agnes mit ihrer Familie bereits beim Umzug nach Zürich 1953 eine Wohnung fand. Für Agnes Guler ist es eine Selbstverständlichkeit, dass die Familie im Zentrum steht, dass die einzelnen Mitglieder füreinander sorgen. Das war schon bei ihren Eltern so. «Wir waren nicht reich, mein Vater war zuerst Zimmermann und später nach einem Unfall Senn. Aber wir schauten alle zueinander, man half sich. Wir nahmen auch ein Kleinkind einer fahrenden Familie auf, dessen Mutter kurz nach der Geburt gestorben war. So konnte es den Kontakt zum Vater behalten. Ihm hätten sie das Kind sonst weggenommen. Das war die Zeit, als die Pro Juventute den jenischen Familien die Kinder wegnahm. Bei uns wurde das Mädchen zu einem Familienmitglied. Auch einen Alkoholiker, dessen Vormund mein Vater schon vor der Hochzeit meiner Eltern war, nahmen wir auf. So konnte man die Vormundschaft aufheben, und er gehörte zur Familie.» Die Durchsetzungsfähigkeit hat sie schon in frühester Kindheit gelernt: «Ich sah sehr schlecht, und niemand merkte es. Deshalb wurde ich als ‹Dummerli› behandelt. Aber das liess ich mir nicht bieten. Erst als es der Lehrer in der Primarschule realisierte und ich eine Brille bekam, musste ich mich nicht mehr wehren.»

Gemeinschaft und Solidarität haben sie durch ihr Leben begleitet, in der Gewerkschaft und Politik genauso wie in der Familie. Als sie vom letzten Lebensjahr ihrer älteren Schwester erzählt, die mit über 95 starb, wird sie ganz traurig. «Sie lebte noch in der eigenen Wohnung. Mit Spitex, Putzdienst und Mahlzeitendienst ging es eigentlich recht gut. Dann wurde sie krank. Nach dem Spital wurde sie ins Pflegeheim abgeschoben, obwohl sie fähig gewesen wäre, wieder in der eigenen Wohnung zu leben. Aber da war diese schon gekündigt, ohne dass sie selber hätte entscheiden können. Sie verlor den Lebensmut und starb kurz darauf. Ich habe die Hoffnung, dass meine Töchter das nicht zulassen werden. Wenigstens selbst mitentscheiden möchte ich, wenn es mir schlechter geht. Ich möchte so lange wie möglich daheimbleiben und dann eines Tages nicht mehr erwachen. Hundert werden? Ja, wenn's mir so gutgeht wie jetzt, warum nicht.»

Das sei alles, was sie zum Sterben zu sagen hat. Es ist für sie noch kein Thema, trotz ihres hohen Alters. Sie kocht und putzt noch selber, sie hält sich mit Aquafit beweglich und arbeitet immer noch sehr gerne im grossen

Garten. Nur für die ganz grobe Arbeit hilft ihr Enkel Nino, wie früher ihr Mann. Der Garten ist ihr Ein und Alles, und seit sechzig Jahren derselbe.

Was, wenn sie mal nicht mehr so fit wäre? «Also das Wandern und Pilze suchen, das würde ich sehr vermissen. Die Ferien mehrmals jährlich in Scharans, meinem Heimatdorf, halten mich lebendig und fit. Letztes Jahr war ich noch auf einer mehrstündigen Bergwanderung. Aber ohne Wanderstöcke geht es nicht mehr.»

Am 1. Mai 2018 treffe ich Agnes Guler wieder. Sie macht den ganzen mehrstündigen Demonstrationsmarsch zu Fuss mit, zum 65. Mal. «Früher war das alles viel militärischer und weniger bunt. Wir marschierten in Viererkolonnen und trugen Sonntagskleider. So gefällt es mir besser.» Und weil sie für den 1.-Mai-Umzug die Wanderstöcke nicht mitnehmen wollte, hat sie sich links bei Urenkel Jann und rechts bei dessen Freundin Kayla eingehängt, weitere Familienmitglieder sind in der Nähe und eilen voraus, damit an der Kundgebung ein Stuhl für Agnes bereitsteht. Intensiv hört sie Unia-Präsidentin Vania Alleva zu, schliesslich geht es wieder mal um ihr Lebensthema, die Lohngleichheit für Mann und Frau. «Die Forderung ist älter als ich und immer noch nicht verwirklicht. Sie ging zwischendurch etwas unter, jetzt muss endlich Gerechtigkeit kommen. Aber es ist ein grossartiges Gefühl, als eine der Kämpferinnen der ersten Stunde dieser Rede zuzuhören.» Agnes ist noch lange nicht müde, und obwohl es nieselt, will sie noch ans 1.-Mai-Fest, feiert dort weiter im Kreis der Familie bis in den späten Nachmittag. Während dem Feiern schmiedet der Familienclan schon wieder Pläne: «Wir fahren bald in die Türkei», sagt Tochter Anna, «letztes Jahr sagte Agnes, das ist jetzt das letzte Mal.» Agnes lacht nur, sie geniesst, solange sie kann. Kaum zurück aus der Türkei, ist sie schon wieder unterwegs. Diesmal ins Heimatdorf Scharans, zum Wandern.

«Das politische Interesse
ist da und bleibt.
Ohne Politik könnte
ich nicht sein.»

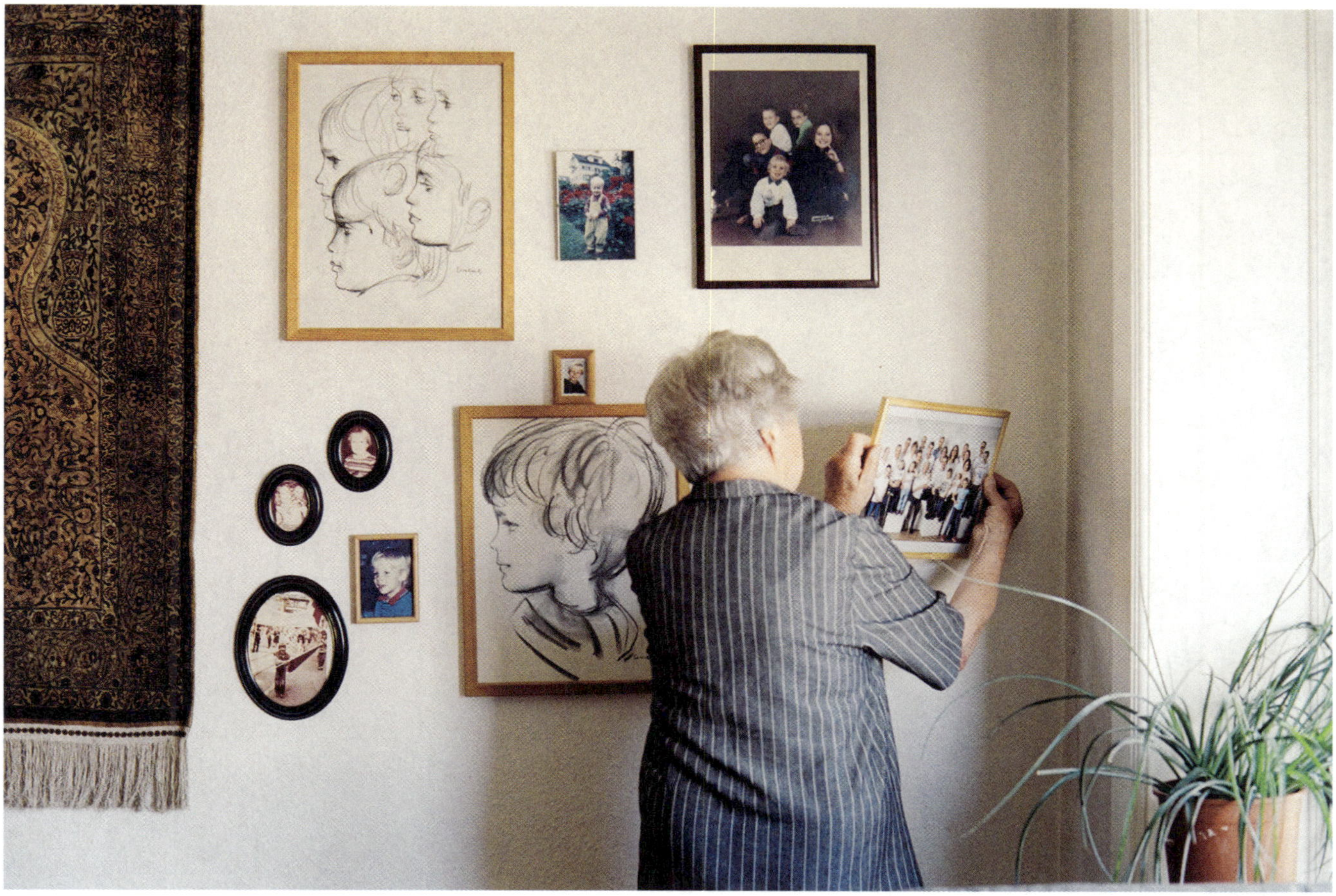

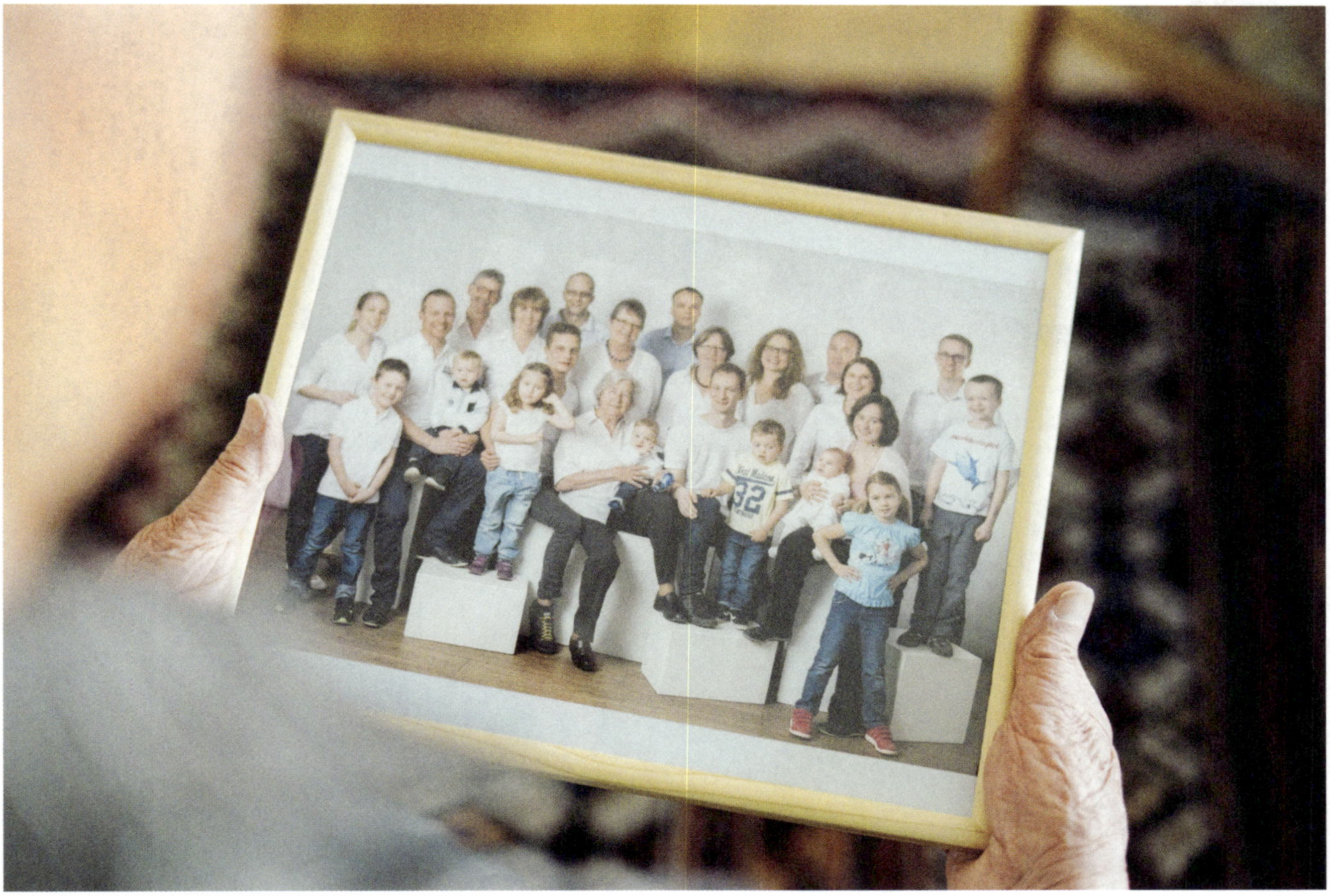

«Ich möchte nochmals jung sein,
aber mit dem Wissen von heute.»

Vreni
Weiss

Vreni Weiss *15. Dezember 1917

Sie lachte mir aus einer Vereinszeitung entgegen. Ihre Wohnbaugenossenschaft, die Allgemeine Baugenossenschaft Zürich (ABZ), gratulierte ihr zu ihrem hundertsten Geburtstag. Hundert! Die gepflegte Dame auf dem Bild sah nicht älter aus als achtzig. Ich rief an, eine jung klingende Stimme antwortete mir. Schnell war ein Termin verabredet, sie freute sich auf ein Gespräch und die Möglichkeit, bei einem Buch mitzuwirken, als älteste aller Portraitierten. Als ich ihre Wohnung betrat, warteten ein besorgter Sohn und eine Schwiegertochter. Der Termin war eingetragen, aber Vreni wusste nicht mehr, wer etwas von ihr wollte und warum. Ihr Kurzzeitgedächtnis spielt ihr manchmal Streiche. Sie nimmts nicht weiter tragisch, lacht, scherzt: «Dafür weiss ich umso besser, was vor hundert Jahren alles passiert ist.» Die nachfolgenden Gespräche bestätigten zweierlei: Sie hat ein ausgezeichnetes Gedächtnis, wenn es nicht um gestern oder vorgestern geht, und nicht nur das, sie kompensiert ihre Vergesslichkeit mit Charme und Witz. Ob sie einen bösen Sturz nur vier Monate vorher bewusst verdrängen wollte oder wirklich vergessen hat, ist nicht klar. Ihr Sohn, Willi Weiss, erzählt mir davon, weit besorgter als seine Mutter. Diese findet, es gehe ihr ja wieder gut, der Ellbogen sei nicht gebrochen. Die Prellung tat aber sehr weh, und sie brauchte längere Zeit Hilfe beim Anziehen. Eigentlich sei der rutschige Teppich schuld gewesen am Sturz, nicht ihre Ungeschicklichkeit. Sie wolle ans Positive denken und sich freuen über jeden Tag, an dem es ihr gutgehe. Sie sei glücklich, dass sie noch alleine in der gemütlichen Dreizimmerwohnung leben dürfe. «Nie könnte ich in ein Heim all die vielen Souvenirs und die Fotos mitnehmen, die an den Wänden hängen. Sie sind meine Geschichte, und mit ihnen fühle ich mich wohl.» Ohne Hilfe ginge es nicht mehr. Eine Bekannte des Sohnes, ausgebildete Pflegeassistentin, ihre Ruth, die sie sehr liebt, besucht sie seit fünf Jahren dreimal pro Woche. Zu Beginn der gemeinsamen Zeit gingen die beiden vor allem gemeinsam einkaufen. Heute kocht Ruth immer öfter und hilft, wo Not an der Frau ist. «Ohne Ruth könnte ich nicht mehr alleine leben, sie ist nicht einfach eine Helferin, sondern eine enge Bezugsperson, wie ein Mitglied der Familie. Das ist superwichtig, dass jemand für mich da ist. Bei Ruth kann ich auch mal den Frust rauslassen, wenn etwas nicht mehr geht.» Eine Spitex-Mitarbeiterin besucht zudem Vreni kurz zweimal täglich, um

Medikamente zu richten und bei der Toilette zu helfen. Und seit kurzem trägt sie auch einen Notfallknopf am Handgelenk, falls sie wieder umfallen würde. Aber da sind auch noch die Nachbarn oben und unten. «Wir kennen uns zum Teil seit mehr als fünfzig Jahren, so lange leben alle schon in der Genossen-schaftssiedlung. Mit einem Besen könnte ich gegen oben oder unten klopfen. Dann kämen sie sicher sofort. Der Besen liegt immer bereit.»

Nicht zu unterschätzen ist die häufige Präsenz des jüngeren Sohns Willi und seiner Frau Angela. Sie besuchen die Mutter mindestens einmal monatlich in Zürich, obwohl sie in Bayern leben, und sie sind in ständigem Kontakt mit Ruth. Vreni Weiss ist sich bewusst, dass sie nur dank dieser Unter-stützung noch zu Hause leben kann, aber reden tut sie lieber über ihre Selb-ständigkeit. «Kochen tue ich nicht mehr oft, das habe ich wirklich genug tun müssen in meinem Leben. Nur Rösti, die muss ich selbst machen, das kann niemand so gut wie ich.» Auf Nachfrage allerdings ist es schon ziemlich lange her, seit sie die letzte Rösti zubereitet hat. Aber auch das ist typisch für sie: Indem sie sich Kompetenzen zuschreibt, die sie eigentlich nicht mehr hat, stärkt sie ihr Selbstbild als rüstige Hundertjährige. Und dies hilft ihr wie-derum, zufrieden zu bleiben. Alle, die sie besuchen, lieben sie für ihre Fröh-lichkeit, Zufriedenheit und die Fähigkeit, alte Geschichten zu erzählen.

Auch dass sie die Posteinzahlungen selbst erledigt, erzählt sie stolz und selbstbewusst: «Schliesslich habe ich solche Sachen mein ganzes Leben gemacht.» Willi ist manchmal leicht skeptisch und kontrolliert, wenn er auf Besuch ist. Eher ein bisschen mehr, seit Vreni letztes Jahr eine Mahnung der Steuerverwaltung mit der Bemerkung zurückgeschickt hat: «Ich reise jetzt zu meinem Sohn in Deutschland.» – «Das stimmt doch», lacht Vreni, «auf Hundertjährige dürfen die schon ein bisschen warten.»

Sie hat nie damit gerechnet, dass sie so alt werden könnte. «Die Jahre mehrten und mehrten sich, und ich fühlte mich eigentlich immer gleich, mindestens seit mein Mann gestorben ist.» Das ist jetzt schon fast dreissig Jahre her. Sie war ein kränkliches Kind, und die Mutter sagte immer, sie werde sicher nicht alt. «Oh, wenn sie mich jetzt nur sehen könnte.» Doch sie erinnert sich gerne an die Jugendzeit, vor allem auch an den Vater, der viel mit ihr unternahm. Ein Höhepunkt war der grosse Umzug von einer engen

Mietswohnung in ein Einfamilienhäuschen für Arbeiterfamilien. Das fand sie gossartig. Plötzlich hatten die sieben Kinder allein oder zu zweit ein Zimmer. Wie es vorher war, darüber will sie gar nicht reden. «Es war viel zu eng, doch dann lebten wir im Paradies.»

Sie machte eine kaufmännische Lehre, heiratete mit knapp 24 Jahren und hörte auf zu arbeiten, als der erste der beiden Buben geboren wurde. Schon wieder hatte sie das Glück, in einem Einfamilienhäuschen leben zu dürfen. Vor siebzig Jahren zog die junge Familie in ein Reihenhaus In Zürich-Altstetten. Doch bald erlebte sie, was sie als das einschneidenste Ereignis ihres Lebens bezeichnet: «Der Mann kam krank aus dem Militärdienst zurück, als die Kinder noch klein waren. Er hatte Tuberkulose, war immer müde und energielos. Ich war jetzt gefordert wie nie zuvor und entwickelte unglaubliche Kräfte, die ich gar nicht kannte an mir.» Zwar half auch das Umfeld, liebe Bekannte aus der Wohnkolonie, aber die meiste Arbeit musste sie doch selbst tun.

Ihre Mutter sagte: «Jetzt musst DU in die Hosen», und das tat sie auch und empfand die Herausforderung sogar als positiv. «Ich fiel ins kalte Wasser und musste schwimmen. Wahrscheinlich deshalb erinnere ich mich fast nicht an die Kriegsjahre, denn ich war mit der Familie so beansprucht, dass ich an nichts anderes denken konnte. Doch, jetzt kommt's, an die Hochzeit erinnere ich mich natürlich gut, das war im dritten Kriegsjahr, und wir heirateten doch ziemlich vornehm im Grand Hotel Gütsch in Luzern. Und alle Gäste mussten Rationierungsmarken mitbringen, damit es genug zu essen gab.»

Ihr Mann wurde nie mehr ganz der Alte, und so wurde sie die bestimmende Person in der Familie. «Er war schon vorher kein Draufgänger und war jetzt froh, eine so aktive Frau zu haben.» Sie glaubt heute, dass die damals gewachsenen Kräfte ihr sogar geholfen haben, alt zu werden. Sie wurde später auch kaum mehr krank, begann wieder zu arbeiten, als die Buben im Teenageralter waren. Und sie ist stolz darauf, dass aus beiden etwas «Rechtes» geworden ist. Allerdings, ihr Mann war zuerst skeptisch, als sie wieder arbeiten wollte, und liess es nur zu, als sie versprach, zu Hause werde sich nichts ändern. «Er bestand darauf, immer zu Hause das Mittagessen einzunehmen.

Ich aber hatte eine kürzere Mittagszeit als er. So musste ich vorkochen, und er konnte nach Hause kommen und das Essen aufwärmen. Ich habe gespurt, denn sonst hätte ich die Stelle aufgeben müssen. Erst später hat er gemerkt, dass wir uns mit dem zusätzlichen Geld viele Reisen leisten konnten. Und noch etwas später kam die Erleichterung: Ich kochte jetzt auch noch für Sohn Paul, der ebenfalls heimkam über Mittag. Dieser bestand darauf, dass der Vater nach dem Essen Teller, Töpfe und Pfannen abwusch, und so war wenigstens diese Arbeit schon gemacht, wenn ich abends nach Hause kam.»

In dieser Ehe war kein Platz war für feministische Diskussionen. Vreni betont auch, dass sie politisch völlig unbedarft war. Immerhin war sie auch schon 48 Jahre alt, als die Schweizer Frauen das Stimmrecht bekamen. Doch dann erzählt sie eine erstaunliche Geschichte aus ihrer Arbeitswelt: «Ich war die Chefin des Zahltagsbüros, und wir waren gerade daran, die gleitende Arbeitszeit einzuführen. Allerdings sollte sie nur für die Angestellten gelten, nicht für die Arbeiter. Da musste ich mich doch für sie wehren. Der Direktor zitierte mich zu sich und ich erwartete, dass er mich entlassen würde. Mein Mann hatte mich noch gewarnt. Doch ich konnte mich durchsetzen, und der Gewerkschaftsvertreter bedankte sich anschliessend bei mir. Er meinte, er als Arbeiter hätte sich eben keine Entlassung leisten können, ich als Zweitverdienerin schon.» Auf meine Bemerkung, das sei doch eine sehr emanzipierte Haltung gewesen, meint sie: «Ja, wenn Sie das so sehen, war ich schon emanzipiert, ich musste ja auch in der Familie vieles entscheiden. Aber gehorcht habe ich dem Mann trotzdem.»

In der Wohnkolonie ist sie geblieben und zog nach dem Tod ihres Mannes als 73-jährige vom Einfamilienhäuschen in den Wohnblock gegenüber. Dass sie im «Dorf» bleiben konnte, empfindet sie als toll. Für sie ist Zürich-Altstetten immer noch ein Dorf mit Post, Bank und Lebensmittelläden. Und auch wenn sich vieles geändert hat, kennt sie sich noch immer aus und findet das Quartier sogar lebendiger als früher.

Für das Einkaufen kommt Ruth, ihre «gute Seele» mit. Dann nimmt sie einfach den Rollator, «ihr Rennauto», damit sie sich sicher fühlt, obwohl sie eigentlich noch gut zu Fuss ist. Manchmal rennt sie fast, wenn sie mit Ruth im Quartier unterwegs ist. Auch die Treppe zur Wohnung im ersten Stock schafft sie noch allein, ohne Lift, «aber der sechste Stock läge nicht mehr drin, das muss ich schon zugeben».

Was ihr nicht so gut gefällt an der heutigen Zeit, ist die Schnelligkeit, mit der alles abläuft. Das Leben habe an Gemütlichkeit verloren, meint sie. Alles müsse immer schnell gehen, und darum sei wohl auch die Sache mit dem rutschigen Teppich passiert, den sie schon lange hätte entfernen müssen. Sie sei halt ein «Schussli, eine Stolperlise», und sie sei schon als Kind viel umgefallen, habe immer zerschlagene Knie gehabt. Dass der Teppich jetzt weg ist, bedauert sie trotzdem, weil er so schön war.

Als die schmerzlichste Veränderung im hohen Alter bezeichnet sie den Tag, als sie mit 97 Jahren das SBB-Generalabonnement (GA) abgab, nachdem sie es zwei Jahre kaum mehr gebraucht hatte. «Vorher war ich in der ganzen Schweiz unterwegs, entschied oft spontan erst auf dem Bahnhof, oder sogar im Zug, wohin ich wollte. Ich besuchte alle Gegenden der Schweiz, die ich noch nicht kannte, vor allem die Westschweiz, aber auch Orte wie Schaffhausen, wo ich oft mit dem Vater war. Ohne GA bin ich fast in ein Loch gefallen, weil ich das Gefühl hatte, jetzt ist das Leben vorbei, jetzt ist meine Freiheit weg. Es war dann aber nicht so, jetzt finde ich die Freiheit auf dem Balkon und lese gerne.»

Vreni betrachtet es als grosses Geschenk, dass sie noch gehen kann. Und dass Reisen, wenn auch nicht mehr allein, noch möglich sind. Gerne begleitet sie Willi und Angela auf ihr Anwesen in Südfrankreich und schaut dort von der Terrasse aufs Meer. Überhaupt das Reisen … Jetzt beginnen ihre Augen zu leuchten. «Ich bin eine Zigeunerin, ich reise sehr gerne. Als der Mann noch lebte, wechselten wir ab mit dem Entscheid, wohin wir in die Ferien wollten. Ihn zog es mehr in die Schweizer Berge, mich mehr ins Ausland.» Dann hatte sie das Glück, dass die Söhne das Reisegen von ihr geerbt hatten. Sie begleitete Willi, Angela und deren zwei Kinder teilweise auf ihrer Weltreise, sogar nach Australien und Japan. Auch am Nordpol war sie und konnte Nordlichter bewundern. Seit dem Tod ihres Mannes besuchte sie häufiger als vorher ihren andern Sohn Paul und dessen Frau in Südafrika und blieb jeweils monatelang. «Besonders schön war, als sie Eltern wurden, da konnte ich das Bübchen hüten und eine enge Beziehung zu ihm aufbauen.» Was ihr aber gar nicht gefiel, war die Apartheid. «Ich habe den Sohn oft gefragt, wie du da leben kannst! Aber er hatte einen tollen Job und wollte ihn nicht aufgeben. Doch diese Parks, in denen auf der einen Seite nur die Weissen und auf der andern nur die Schwarzen …. das hielt ich kaum aus. Wir haben dann Orte gesucht, wo es nicht so restriktiv war. Zum Glück ist das jetzt vorbei, sonst wäre Paul vermutlich wieder zurück in die Schweiz gekommen.»

Auf die Frage nach den grössten Wünschen und Träumen meint Vreni: «Wenn ich mal keine Wünsche mehr habe, bin ich tot.» Trotzdem kommen ihr als Wünsche vor allem lange Reisen in den Sinn. Aber dann meint sie pragmatisch, Südafrika sei jetzt schon ein bisschen zu weit für sie. Schliesslich sei sie oft dort gewesen, es reiche. Vielleicht sei es auch besser, sich an tolle Reisen zu erinnern, die sie eh nicht mehr machen könne, als dort zu sein und nur rumzuhocken. Und zum andern Sohn nach Bayern, ja, da gehe sie noch häufig hin, jetzt dann wieder, weil Ruth in die Ferien fahre. «Das Schönste sind jeweils die Gespräche mit den Jungen, vor allem mit den Enkeln. Oft höre ich nur zu, aber auch das ist interessant. Ich bin gerne mit andern Generationen zusammen, auch wenn ich das ganze Handyzeugs nicht mehr mitmache. Aber nochmals jung sein möchte ich nicht.» Willi erzählt, dass sie eine super Grossmutter war und stundenlang mit Claude, Mariella und Vinzenz Karten spielte. Stolz zeigt mir Vreni einen Kalender, auf dem Enkelin Mariella zu sehen ist. «Mit ihr habe ich am meisten Kontakt, sie ruft oft an, und das ist sehr schön. Eine ganz warme, liebe junge Frau ist das.»

Vrenis allergrösster Wunsch ist, noch so lange wie möglich und selbständig in ihrer Wohnung leben zu dürfen. «Darf man mit über hundert überhaupt noch Wünsche haben?» Ihre beste Freundin zog in eine Alterssiedlung in der Nähe und insistierte, sie solle auch kommen. Aber sie hatte keine Lust dazu. «Die Freundin ist eben auch eine Person, die nicht allein sein kann, und ich bin gerne allein. Auch Willi wollte mich schon zu sich nach Bayern nehmen, aber ich bleibe lieber hier, wo ich noch einige Leute kenne, auch wenn viele gestorben sind oder im Altersheim leben.»

Sie hofft, dass es nie so weit kommen wird, dass sie ins Heim muss, lieber möchte sie vorher sterben, am liebsten in ihrer Wohnung. «Hier wohnen bleiben und dann, puff, sterben, ja, das wäre ein grosser Wunsch.» Dann kommt Vreni von selbst zurück auf die Frage nach dem Nochmals-jung-sein-Wollen, und wieder leuchten ihren Augen: «Oh ja, wenn ich nochmals jung wäre, möchte ich eine Stelle, bei der ich viel verdienen würde, damit ich viele grosse Reisen unternehmen könnte. Das wäre ein tolles Leben.»

«Ich habe nie damit gerechnet,
so alt zu werden.»

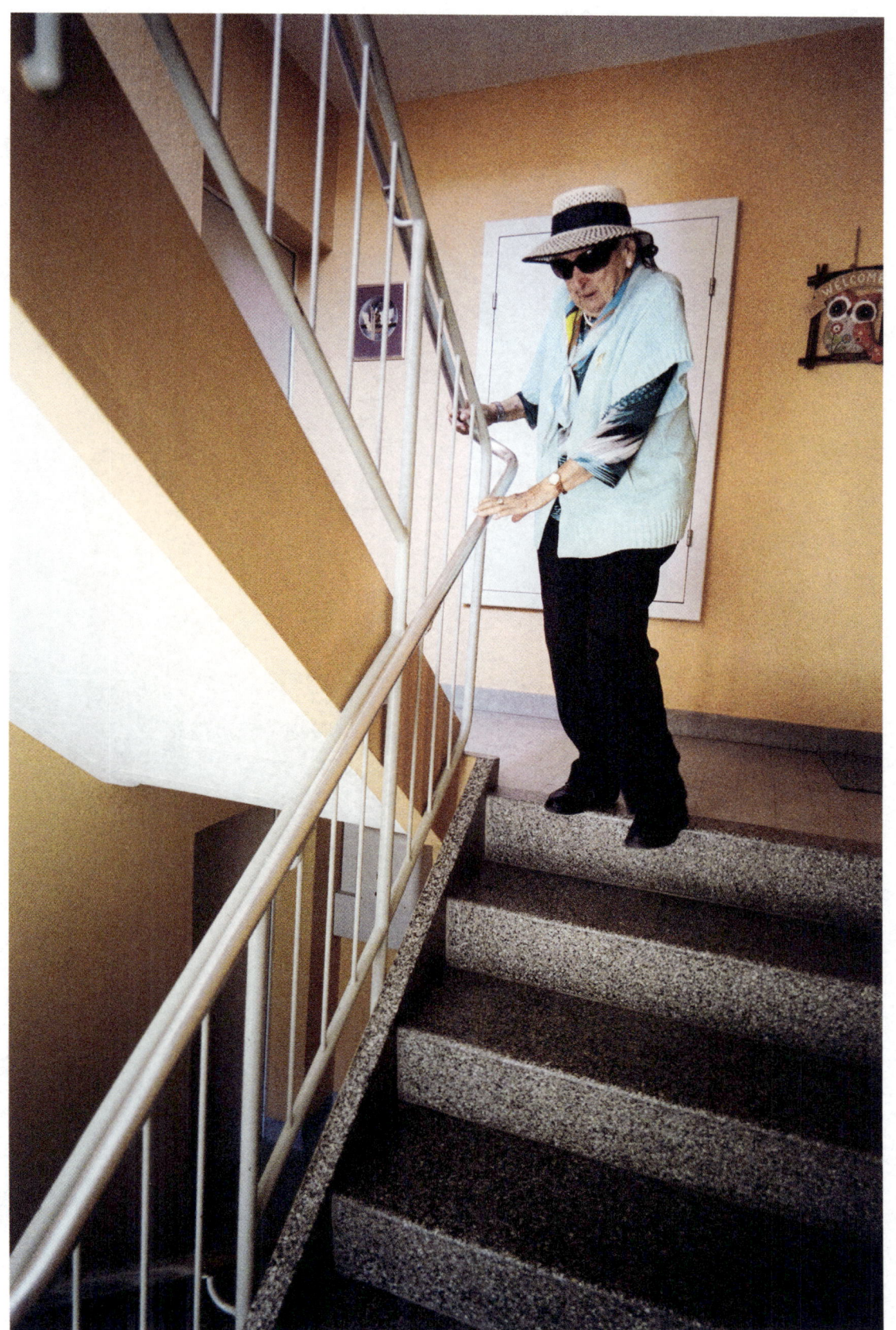

«Wenn ich mal keine Wünsche
mehr habe, dann bin ich tot.»

Jeder Mensch ist anders – und jeder und jede altert anders. Trotzdem gibt es viele Gemeinsamkeiten im Leben unserer Portraitierten. Fragen, die am häufigsten vorgekommen sind, wollen wir für die mehr theoretisch interessierten Leserinnen und Leser kurz beantworten.

Nicht nur Genetik
Resilienz (psychische Wiederstandsfähigkeit), die vier «L» und das Sterberisiko Einsamkeit

Laut dem Geriater Dr. Roland Kunz[1] gibt es zwei Grundpfeiler des glücklichen Altwerdens: die genetische Disposition und die positive Lebenseinstellung. Die im Buch portraitierten Menschen haben fast alle Familienmitglieder, die ebenfalls alt bis sehr alt geworden sind. Aber genauso wichtig: Sie weisen alle eine hohe Resilienz[2] auf, d.h., sie können schwierige Erlebnisse im Leben stehenlassen und müssen sie nicht das ganze Leben mitnehmen. Sie sind sogar fähig, Unangenehmes wirklich zu vergessen, nicht nur zu verdrängen. Sie nehmen auch Schmerzen und Gebrechen viel weniger wahr als andere. Vreni Weiss hat vergessen, dass sie gestürzt ist, Vreni Marbacher hat fast vergessen zu erzählen, dass sie das Genick gebrochen hat. Ihre Hörprobleme erwähnen alle nur nebenbei. Ihnen ist die Gegenwart wichtig, nicht die Unbill vergangener Jahre. Resilienz hat viele Gründe, unter anderem eine positive Prägung durch eine stabile familiäre Umgebung in der Jugend, aber nicht nur, auch die spätere Lebensgeschichte kann entscheidend sein. Resilienzforscher betonen, dass Resilienz bis zu einem gewissen Mass lernbar ist.[2] Dieses Lernen sollte möglichst nicht erst im hohen Alter beginnen. In seinem neuesten Buch benennt der Philosoph Otfried Höffe[3] vier Aktivitäten mit «L», die zu einem glücklichen Alter führen: Laufen, Lernen, Lieben, Lachen. Unsere Protagonistinnen und Protagonisten praktizieren die vier «L» alle intuitiv, ohne dass sie dazu ein Buch lesen mussten. Wenn Laufen nicht mehr so gut geht, werden eben die drei andern «L» wichtiger, die Liebe zur Familie zum Beispiel. Fast alle unsere Protagonistinnen erzählen von einer schönen, behüteten Kindheit, auch wenn sie aus armen Verhältnissen stammten, oder mindestens von positiven Bezugspersonen. Und noch eines haben alle gemeinsam: Ob sie allein leben, zu zweit, im Alterszentrum, der Altersresidenz oder in einer Wohnung in der Nähe der Familie, sie haben ihr Leben alle so eingerichtet, dass sie nicht einsam sind. Alle sind sehr kontaktfreudig, pflegen Freundschaften oder Familienkontakte intensiv. Das Sterberisiko Nr. 1, die Einsamkeit, haben alle, bewusst oder unbewusst, schon vor vielen Jahren eliminiert. Die Geschichte von Silvana Lattmann, die bis ins hohe Alter Zen-Meditation praktiziert hat, zeigt besonders eindrücklich, dass Persönlichkeitsentwicklung in jedem Alter möglich ist. Im hohen Alter ist die gelungene Integration von Gebrechlichkeit und bevorstehender Endlichkeit die letzte grosse Entwicklungsaufgabe. Unsere Protagonistinnen und Protagonisten führen alle trotz Einschränkungen ein zufriedenes Leben, sie bewältigen diese Aufgabe perfekt.

Hie und da werde ich gefragt, wie viel das «Gut drauf sein im hohen Alter» mit dem Leben in der reichen, sicheren Schweiz zu tun hat. Hat es natürlich, nur schon deshalb, weil die meisten unserer Gesprächspartnerinnen nie direkt mit Krieg und Flucht konfrontiert wurden. Andererseits: Silvana Lattmann hat beide Weltkriege in Italien als traumatisch erlebt und ist doch gelassen und zufrieden wie kaum eine andere. Ich habe auch Menschen, die älter als neunzig sind, in Kuba und Nepal kennengelernt, denen es wirtschaftlich nie so gutging wie meinen Gesprächspartnerinnen, die nie eine so gute medizinische Versorgung erleben durften und durchaus traumatische Phasen kannten in ihrem langen Leben. Sie haben dieselbe positive Haltung dem Leben gegenüber. Mein Fazit: Glücklich altern fängt im Kopf an.

1   Dr. med. Roland Kunz, Chefarzt Universitäre Klinik für Akutgeriatrie
     und Zentrum für Palliative Care, Stadtspital Waid, Zürich. Er hat alle
     Texte, die mit Gesundheit zu tun haben, gegengelesen.

2   www.researchgate.net/publication/215984970_Resilienz_als_
     protektives_Personlichkeitsmerkmal_im_Alter

3   Otfried Höffe, Die hohe Kunst des Alterns. Kleine Philosophie des
     guten Lebens, Beck, München 2018.

Mobilität und hohes Alter
Vom Innenohr, dem Autofahren, dem GA und
diversen Gehhilfen

«Ich bin ja noch gesund»: Das ist die Aussage, die meine Gesprächspartnerinnen und -partner immer wieder machten. Sie klagten nie, erwähnten, wenn überhaupt, ihre Unsicherheit beim Gehen. Diese Gleichgewichtsprobleme hängen mit mehreren Faktoren zusammen: Das Gleichgewicht beruht auf der fein abgestimmten Zusammenarbeit der unterschiedlichsten Organe. Dazu gehören die Augen, das Gleichgewichtsorgan im Innenohr (das hat nichts Schwerhörigkeit zu tun) sowie die Wahrnehmung von Körperbewegungen und deren zentrale Verarbeitung im Gehirn. Funktioniert ein Glied dieser Kette nicht, können auch alle anderen durcheinandergeraten. Das am schnellsten funktionierende Gleichgewichtsorgan sind unsere Augen, die immer einen künstlichen Horizont suchen, um das Gleichgewicht zu stabilisieren. Wer nicht mehr gut sieht, wird unter Umständen auch mit dem Gehen Mühe haben. Das Zweitschnellste sind unsere Nerven in den Gelenken, die uns ständig die kleinsten Bewegungen melden. Wenn wir zu stark in Schräglage geraten, melden das die sogenannten Gelenkrezeptoren, und wir können meist rechtzeitig Gegensteuer geben. Das trägste Gleichgewichtssystem liegt im Innenohr. Viele Stürze passieren, weil die ersten beiden Systeme beeinträchtigt sind und das Innenohr zu langsam reagiert. Einige unserer Gesprächspartner und -partnerinnen sind schon ein- oder mehrmals gestürzt, sie korrigieren ihre Unsicherheit, indem sie ausserhalb der eigenen Wohnung Stöcke benützen. Die beiden über hundertjährigen Frauen behelfen sich ausser Haus mit einem Rollator. Keine und keiner lässt sich von den Gleichgewichtsproblemen so beeindrucken, dass sie nicht mehr ausgehen, denn dann würden ihre Gleichgewichtsprobleme mangels Training noch viel grösser. Wer sich weniger bewegt, braucht Muskeln und Gelenke weniger, die Sturzgefahr steigt. Unsere resilienten, lebenslustigen Protagonisten und Protagonistinnen wissen das. Sie bewegen sich so oft wie möglich und sind viel unterwegs. Viele laufen täglich oder wandern, einige machen Aquatraining. Willi Vogel spielt Tennis, was laut einer neuen dänischen Studie zu einer längeren Lebenserwartung beiträgt als alle andern Sportarten. Johanna Fischer fährt mit fast zweiundneunzig Jahren immer noch sicher Auto. Viele benützen das Generalabonnement (GA) der SBB, so lange es nur irgendwie geht, und erkunden die ganze

Schweiz. Vreni Weiss musste auch das GA aufgeben, als es körperlich zu anstrengend wurde, allein unterwegs zu sein, aber mit ihrer Begleiterin kurvt sie mit grosser Begeisterung mit ihrem Rollator in ihrem Wohnquartier herum. Einige Tipps von Roland Kunz: Lieber barfuss laufen zu Hause als in Schuhen mit dicken Sohlen, denn dadurch sind die Unebenheiten des Bodens viel besser spürbar, und Stürze können frühzeitig vermieden werden. Nach dem Aufstehen einen Moment warten, damit sich der Körper an die neue Situation anpassen kann. Hindernisse wie dicke Teppiche aus dem Weg räumen. Nicht «noch schnell» etwas im Vorbeigehen erledigen, sondern sich immer fokussieren. Und nachts für gute Beleuchtung sorgen.

Vom Hören wollen und Hören können
Hörprobleme und Hörgeräte

Eigentlich fehle ihnen fast nichts, meinten die meisten unserer Gesprächspartnerinnen. Das einzige Gesundheitsproblem ausser Gleichgewichtsproblemen, das fast alle erwähnten, sind altersbedingte Hörprobleme. Viele beklagen sich, das Hörgerät nütze nichts, mit andern war der telefonische Kontakt fast unmöglich, beim direkten Gespräch hingegen reichte es, wenn ich etwas lauter und langsamer als üblich sprach und darauf achtete, die Stimme tief zu halten. Das hat, so sagt Hörgeräteakustikerin Gaby Bouvier[1], damit zu tun, dass viele intuitiv Lippen lesen und Situationen ohne grosse Nebengeräusche für leicht oder mittel Hörbehinderte wie unsere Portraitierten viel leichter zu handhaben sind als Gespräche in lauten Räumen. Am Anfang einer altersbedingten Hörminderung sind vor allem die hohen Frequenzen betroffen, mit der Zeit auch die tieferen. Dadurch wird es vor allem in lärmiger Umgebung schwieriger, Sprache zu verstehen.

Dass die «Leitung schlecht funktioniert», wie Leni Altwegg erwähnt, hat auch damit zu tun, dass es Worte oder Silben gibt, die viel schlechter verstanden werden als andere. Deshalb hat mich Ernst Gerber aufgefordert, die Fragen anders zu formulieren. Seine «lange Leitung», wie er es nennt, hat also mehr mit phonetischem Nichtverstehen als mit inhaltlichen Verständnisschwierigkeiten zu tun, wie er selbst meinte. Viele der portraitierten Menschen benützten das Hörgerät nur sporadisch. Das sei schlecht, sagt Gaby Bouvier, denn das Gehirn solle trainiert werden, und man sollte das Gerät deshalb immer tragen. Allein wohnen heisse ja noch längst nicht, in einer ganz stillen Umgebung zu leben. Einige haben sich auch beklagt, sie hätten Mühe, die Batterien zu wechseln. Doch alle wollen kleine Hörgeräte, und je kleiner das Gerät, je kleiner die Batterie, desto schwieriger wird es, sie zu wechseln. Es gibt heute ganz raffinierte Hörgeräte, die sehr viel leisten. Einige können auch mit dem Smartphone gesteuert werden. Dazu braucht es aber eine Affinität zu digitalen Geräten, die mit über neunzig Jahren nur noch wenige haben.

Die AHV bezahlt Fr. 1'237.50 an zwei Hörgeräte (d. h. für beide Ohren) bei mindestens 35 % Gesamthörverlust.[2] Es gibt aber Hörgeräte, die bis sieben Mal so viel kosten. Schlecht hören kann also durchaus auch ein finanzielles Problem sein.

Tipps von Gaby Bouvier an ältere Hörbehinderte: Hörgeräte tragen enorm zur Lebensqualität bei. Man sollte anfangen, sie zu benützen, solange man noch in der Lage ist, die Bedienung zu erlernen. Ein angespannter Gesichtsausdruck verrät fast immer, dass die Person sich enorm konzentrieren muss, um das Gegenüber gut zu verstehen. Auch das sollte ein Grund sein, eine gute Hörberatung aufzusuchen. Nicht sofort ein Gerät kaufen, Testgeräte tragen, sich Zeit zur Angewöhnung nehmen. Und, ganz wichtig, ein Hörgerät sollte regelmässig getragen werden.

Tipps an Angehörige, Freundinnen und Freunde: langsam und laut reden. Verständnis dafür haben, dass bei starken Hintergrundgeräuschen wie Anlässen mit vielen Menschen oder bei Theaterbesuchen ein Hörgerät keine optimale Hilfe bieten kann.[3]

1   Gaby Bouvier ist die Hörberaterin von Leni Altwegg.
2   Stand 2018.
3   Weiterführende Informationen zum Hören unter www.prosenectute.ch

Das Leben verlassen – selbstbestimmt sterben
Aktive (z. B. Exit) und passive Sterbehilfe, Palliative Sedierung,
Sterbefasten, Alterssuizid

Keine unserer Interviewpartnerinnen hat Angst vor dem Sterben – dafür leben sie wohl schon zu lange und zu gut. Alle wünschen sich, dass es schnell und schmerzlos geht, viele möchten selbst entscheiden können, wie sie sterben, sind aber sehr ambivalent, wenn sie konkret danach gefragt werden. Mitglieder einer Sterbehilfeorganisation (im Falle unserer Protagonistinnen Exit) sind nur zwei, Leni Altwegg und Hedy Rieser. Die Schweiz ist eines der wenigen Länder, in denen die Beihilfe zum Suizid straffrei ist, ohne dass die Sterbehilfe in einem Gesetz geregelt ist. Dazu muss die im Normalfall schwer kranke sterbewillige Person noch urteilsfähig sein. Das dazu nötige Rezept für das Sterbemittel Natriumpentobarbital, das sie selbst einnehmen muss, muss von einem Arzt, meist dem Hausarzt, verschrieben werden. Die Schweizerische Akademie der Medizinischen Wissenschaften (SAMW) erlaubt Suizidhilfe, wenn «Krankheitssymptome und/oder funktionelle Einschränkungen zu unerträglichem Leiden führen». Die Vereinigung der Schweizer Ärzte (FMH) konnte diese Formulierung in einer Versammlung im Oktober 2018 nicht akzeptieren. Es handle sich um ein höchst subjektives Kriterium. Eine neue, besser akzeptierbare Regelung soll weiter gesucht werden. Doch zeigt eine Umfrage, dass eine klare Mehrheit der Ärzteschaft findet, Suizidhilfe solle erlaubt sein, solange kein Arzt dazu verpflichtet ist.[1] Freitodbegleitung wird immer von ausgebildeten Freiwilligen geleistet und nicht von einem Arzt, dieser stellt nur das Rezept aus. Exit hat in der Schweiz in den letzten Jahren stark an Akzeptanz gewonnen und zählte 2018 über 120 000 Mitglieder. Die Exit-Freitodbegleitung will verhindern, dass sich Menschen unter grossen Risiken das Leben nehmen, was wegen der Einsamkeit bei älteren Menschen öfters der Fall ist – und ohne Freitodbegleitung viel problematischer. 2018 schieden 905 Menschen mit Exit aus dem Leben, das Durchschnittsalter lag bei 78,2 Jahren, bei Frauen etwas höher.

Wie Leni Altwegg und Hedy Rieser betrachten die meisten die Mitgliedschaft in der Organisation als Versicherung, falls das natürliche Sterben zu lange dauern würde und zu schmerzhaft wäre. So oder so ist ein Vertrauensverhältnis mit dem betreuenden Arzt und der Sterbehelferin unumgänglich. Hedy Rieser zum Beispiel hat sowohl ihre Angehörigen wie ihren Arzt schon lange über ihren Wunsch informiert, falls es ihr wirklich schlechtgehen sollte.

Nur diejenigen unserer Interviewpartnerinnen, die sich explizit als religiös bezeichnen, sind vehement gegen aktive Sterbehilfe wie etwa Johanna Fischer. Andere, so Rösli und Willy Vogel und Vreni Marbacher, sind nicht prinzipiell dagegen, aber nicht Mitglied einer Organisation. Sie vertrauen darauf, «dass man sie dann schon sterben lässt». In der Praxis heisst das, dass sie hoffen, die palliativmedizinische Betreuung sei heute so gut, dass sie keine Schmerzen leiden müssen und dass ihres hohen Alters wegen keine lebensverlängernden Massnahmen unternommen würden, die sogenannte passive Sterbehilfe. Dafür haben sie eine Patientenverfügung verfasst. Die Grenzen sind fliessend, am Ende des Lebens werden oft Medikamente eingesetzt, die ein langsames Einschlafen (palliative Sedierung) ermöglichen. Die Palliativmedizin hat in den letzten Jahren grosse Fortschritte gemacht. Wo Menschen mit palliativer Betreuung zu Hause sterben können, ist sie oft eine Alternative zu Exit und wird immer mehr die Norm.

Alter allein als Sterbegrund ohne eine tödliche Krankheit, also der sogenannte Alterssuizid, wird von Exit und andern Sterbehilforganisationen seit einigen Jahren intensiv diskutiert und ist noch nicht offiziell akzeptiert. Die Diskussion geht vor allem darum, ob «Leiden am und im Alter» und «Konstanz des Sterbewunsches» als Kriterien genügen sollen. Diese Idee stösst auch bei unsern Interviewpartnerinnen, die Exit-Mitglied sind, auf Skepsis, «da man das Leben auch nicht einfach wegwerfen darf». In der Praxis sind die Grenzen auch hier fliessend, vor allem bei der Definition des unerträglichen Leidens. Einige Interviewte erwähnten auch, dass sie ganz einfach aufhören werden zu essen und trinken, wenn sie dann nicht mehr leben möchten. Das sogenannte Sterbefasten wird in der letzten Zeit viel diskutiert und auch propagiert, es wird aber oft vergessen, dass es für die meisten Menschen erst in der Schlussphase einer zum Tode führenden Erkrankung eine Option ist. Menschen, die bei vollem Bewusstsein das mehrwöchige Sterbefasten durchstehen wollen, brauchen eine unglaubliche mentale Kraft und eine liebevolle Rund-um-die Uhr-Betreuung. Abbrechen ist nach einige Tagen wegen Organschäden nicht mehr möglich. Hedy Rieser meint: «Solange ich so gerne Cremeschnitten esse, kommt das für mich sicher nicht in Frage, selbst wenn ich bereit wäre zu sterben.»

1   www.samw.ch/de/Ethik/Sterben-und-Tod/Richtlinien-Sterben-Tod/
     Hintergrund-Sterben-Tod.html

Beschäftigt sein nach neunzig
Unterwegs nicht nur mit den Füssen,
auch mit dem Kopf

Am Tag unseres ersten Fototermins wurde die hundertjährige Vreni Weiss krank und musste den Termin verschieben. Wir versuchten in letzter Minute, eine der andern bereits interviewten Personen zu erreichen. Versuchen Sie das bei einer fitten über Neunzigjährigen! Die meisten waren unterwegs und nicht erreichbar, oder sie waren zu beschäftigt, die Woche war voll mit Terminen. Klar, ein Handy haben nicht mehr alle von ihnen, oder sie benützen es selten. Nicht weil sie es nicht mehr bedienen könnten, schliesslich benützt rund die Hälfte auch E-Mail. Nein, das «Endlich-nicht-mehr-erreichbar-sein-Müssen» gehört offenbar auch zu einem entspannten, genuss-freudigen Alter. Unsere Protagonistinnen sind noch viel unterwegs, weil sie wissen, dass ihnen Bewegung guttut. Zum Beschäftigtsein gehören vor allem auch die vielen Sozialkontakte und das Lesen. «Use it or lose it», sagt der Gehirnforscher und Neuropsychologe Lutz Jäncke[1] und meint damit, dass nur, wer sein Gehirn gebraucht, wach, luzide und lernfähig bleibt. Kognitive Leistungen können bis ins hohe Alter erhalten und sogar verbessert werden, man nennt das die Plastizität des Gehirns. Natürlich geht Lernen viel langsamer als mit zwanzig, aber es geht. Ohne anregende kognitive Betätigung treten «negative» plastische Prozesse ein, die mit dem Abbau der Nervenzellen des Gehirns verbunden sind. Unsere Protagonisten machen intuitiv praktisches Hirntraining, wenn sie, wie beispielsweise Ernst Gerber, Wanderrouten planen und Fahrpläne lesen, wie Agnes Guler intensiv mit ihren Enkeln über Politik diskutieren, wie Leni Altwegg Bibeltexte interpretieren oder gar wie Johanna Fischer mit Wertschriften handeln.

1   Prof. Dr. Lutz Jäncke, Psychologisches Institut der Universität Zürich,
      Leitung Lehrstuhl für Neuropsychologie.

Nicht mehr allein sein

Neue Wohnformen im Alter und 90plus

Viele der heute diskutierten innovativen neuen Wohnformen wie Wohngemeinschaften, Hausgemeinschaften, Mehrgenerationenhäuser, betreute Wohngruppen für Pflegebedürftige werden vor allem von den Generationen 60plus und 70plus für ihre Zukunft diskutiert. Von unsern Gesprächspartnerinnen hat sich eine – die jüngste, Johanna Fischer – für eine Wohngemeinschaft entschieden, zwei wohnen in einer Altersresidenz (Leni Altwegg) oder in einem Alterszentrum (Hedy Rieser). Sechs weitere Personen und ein Paar leben in der eigenen Wohnung oder in einem Einfamilienhaus und nutzen trotzdem, was heute als neue Wohnform gilt und «Generationenübergreifendes Altersnetz» genannt wird. Agnes Guler und Rösli und Willi Vogel leben wie ihre Kinder und teilweise auch ihre Enkel in derselben Baugenossenschaft. Ernst Gerber oder Vreni Marbacher, die beide in einem Einfamilienhaus wohnen, haben sich dieses Netz mit engagierten, hilfsbereiten Nachbarn selbst aufgebaut und nehmen deshalb in Kauf, dass das Haus eigentlich zu gross ist für sie. Sie haben aber auch das Glück, dass sie sich das leisten können.

Die in letzter Zeit viel diskutierten digitalen Wohnhilfen wie Bewegungssensoren am Körper, Kameras in der Wohnung und intelligente Ankleidehilfen sind bei dieser Generation noch nicht angekommen und aus Datenschutzgründen auch sehr umstritten. Einzige Ausnahme: der Notfallknopf am Handgelenk. Er wird von der über hundert Jahre alten Vreni Weiss benutzt, typischerweise erst, nachdem sie gestürzt war und ein paar Stunden liegen blieb.

Zu arm oder zu reich ?

Altersarmut oder das gute Geschäft mit den Alten

Zwei Schlagworte geistern immer wieder durch die Presse: «Altersarmut» einerseits, «die reichen Alten» andererseits. Unsere Gesprächspartnerinnen bewegen sich in der breiten Mitte zwischen den beiden Extremen. Sie gehören nicht zu den 12,5 % aller Rentnerinnen und Rentner, die 2017 Ergänzungsleistungen (EL) bezogen (bei den über 90-Jährigen sind es sogar 27,3 % oder rund 21 000 Personen). Viele von ihnen sind trotz dieser Leistungen von Armut betroffen, das zeigt eine Studie der Pro Senectute eindrücklich.[1]

Dass unsere Gesprächsteilnehmenden nicht zu den EL-Bezügerinnen und -Bezügern gehören, hat verschiedene Gründe: Einige waren schon in einer Pensionskasse, bevor diese 1985 obligatorisch wurde, vor allem die beiden nie verheirateten Frauen Johanna Fischer und Leni Altwegg. Auch einige der Frauen, die nach der Ehe nie gearbeitet haben, waren verheiratet mit Männern, die früh einer Pensionskasse angehörten, wie zum Beispiel Hedy Rieser. Manche konnten sich ein Haus leisten zu einer Zeit, als Häuser noch bezahlbar waren. Mehrere leben in einer günstigen Genossenschaftswohnung, und das zum Teil seit über sechzig Jahren, wie Vreni Weiss, Agnes Guler und Rösli und Willi Vogel. Fast alle gehören einer Generation an, bei der Sparen und keine Schulden machen noch eine Selbstverständlichkeit war, sie kommen auch ohne Pensionskasse, nur mit der AHV, über die Runden. Bis auf zwei Protagonistinnen haben alle Kinder, die gut zu den hochbetagten Eltern schauen und auch aushelfen würden, falls dies nötig wäre.

Altersvermögen sind statistisch schwer zu ermitteln, vor allem bei über Neunzigjährigen. Es ist jedoch erwiesen, dass die Vermögen in den Rentnerhaushalten dieser Altersklasse stark abnehmen, nachdem sie bei den über 65-Jährigen infolge Vermögensbildung und Erbschaften vor der Pensionierung massiv zugenommen hatten.

Alle unsere Protagonistinnen und Protagonisten können sich kleine Extraausgaben leisten. Viele geben Geld aus für Reisen, Ferien, Konzertbesuche und Restaurantbesuche. Vom Hype der Werbung, die sich an Senioren 50plus, 60plus und teilweise auch schon 70plus wendet, an «Silver Surfer» oder an «die goldene Generation», spürt die Altersgruppe 90plus noch nichts. Lohnen würde es sich vermutlich, lebten doch Ende 2017 in der Schweiz 55 665 90 bis 95 Jahre alte und immerhin 9758 96 bis 100 Jahre alte Personen.[2] Auch die Pro Senectute schreibt ihre sehr beliebten

Sportveranstaltungen, Reisen und Treffen aller Art nicht altersspezifisch aus. Der Grund: Niemand will sich so alt fühlen, wie er/sie ist, und es würden sich wohl nur wenige auf ein 90plus-Angebot melden.

Hedy Rieser würde zu ihnen gehören: Sie traut sich nicht, an Reisen teilzunehmen, die sich an Siebzig- oder Achtzigjährige wenden. Diese, so meint sie, würden viel weniger schnell müde als sie. Einer «90plus»-Reisegruppe würde sie sich jedoch sofort anschliessen. Möglich, dass sich irgendwann für die immer unternehmungslustigeren über neunzig Jahre alten Senioren hier ein Markt auftut, und sei es nur für eine bessere Bedienung von Hörgeräten via Smartphones, die von dieser Altersgruppe noch kaum verwendet werden und nicht nur Marketing, sondern auch Bedienungshilfe benötigen würden.

1   www.prosenectute.ch/de/dienstleistungen/publikationen/
     studien/leben-mit-wenig-spielraum.html
2   Bundesamt für Statistik www.statistik.admin.ch

Wir werden immer älter
Erstaunliche Daten aus Vergangenheit und Zukunft[1]

Bei der Publikation im vorliegenden Buch sind sowohl Vreni Weiss wie auch Silvana Lattmann über hundert Jahre alt geworden. Sie gehören zu den 1510 Menschen in der Schweiz, die 2017 über hundert Jahre alt waren, also zu einer kleinen Minderheit. Doch gegenwärtig ist die Lebenserwartung bei Geburt in der Schweiz eine der höchsten der Welt.

Wer 1900 in der Schweiz zur Welt kam, wurde als Frau im Durchschnitt knapp 49-jährig, als Mann 46-jährig. Junge Frauen, die 1997 geboren wurden, hatten eine durchschnittliche Lebenserwartung von 82,1 Jahren, junge Männer von 76,3 Jahren. Heute haben 2017 geborene Mädchen eine statistische Lebenserwartung von 85,4 und Buben von 81,4 Jahren.

Von den 1900 geborenen Menschen erreichten nur 0,2 % der Männer und 0,8 % der Frauen das 21. Jahrhundert. Hundert Jahre alt zu werden war also die ganz grosse

Ausnahme. Ganz anders sieht es bei den heute 21-Jährigen aus: 15 % der Männer bzw. 21 % der 1997 geborenen Frauen werden laut Statistik voraussichtlich hundert Jahre alt. Von den 2017 geborenen Kindern werden laut Statistik bereits 18 % der Männer und 25 % der Frauen einen 100. Geburtstag feiern können. Silvanas und Vrenis Urenkelinnen werden also zu einer sehr grossen Minderheit gehören, wenn sie hundertjährig werden. Sämtliche Daten sind Prognosen des Bundesamtes für Statistik, die mit grosser Vorsicht aufzunehmen sind. Wie sich das kommende Jahrhundert mit all den mutmasslichen Veränderungen betreffend Migration, Ressourcenverbrauch, Klima etc. wirklich auf die Lebensumstände der Menschen auswirken wird, und ob dann die Schweiz immer noch, zusammen mit einigen nordischen Ländern, die höchste Lebenserwartung haben wird, ist weder Aufgabe der Statistiker, noch kann es Thema dieses Buches sein.

1   Bundesamt für Statistik www.statistik.admin.ch

Für ein gutes Alter
Auf dass alle mit Gelassenheit und Lebensfreude
alt werden dürfen

Die erwähnten Zahlen zeigen, dass erstmals in der Geschichte in den nächsten Jahren und Jahrzehnten eine Grosszahl der Menschen in der Schweiz ein sehr hohes Alter erreichen wird. Es ist im Interesse aller, uns jetzt schon für ein derart lebenswertes Alter einzusetzen, wie es die portraitierten Personen in diesem Buch geniessen dürfen. Das «Netzwerk Gutes Alter»[1] beabsichtigt die Lancierung einer eidgenössischen Volksinitiative, mit der eine gute Alltagsunterstützung, Betreuung und Pflege für alle Personen im Alter in der Verfassung festgeschrieben werden soll. Ein im November 2018 erschienenes Buch[2] des Denknetzes liefert die wissenschaftlichen Grundlagen und Informationen dazu.

1   www.gutes-alter.org
2   Gutes Alter, eine Gesellschaft des guten langen Lebens – für alle,
     Edition 8, Zürich 2018.

Marianne Pletscher, geboren 1946, aufgewachsen in Zürich. Studium in Zürich und den USA. Seit den 1980er-Jahren Regisseurin von Dokumentarfilmen, vor allem zu sozialen Themen. Zuvor Reporterin, Auslandkorrespondentin und Produzentin für das Schweizer Fernsehen. Dozentin für Dokumentarfilm in Zürich und Bern sowie in Nepal, Sri Lanka und Kuba.

www.mariannepletscher.ch

Marc Bachmann, geboren 1979. Ausbildung zum Fotografen. Eigene Projekte, Fotografien auf Reisen in die USA und Zentralamerika und Reportagen zu Musik und Gesellschaft in der Schweiz. 2001 bis 2009 Kameramann für verschiedene Fernsehproduktionen, seit 2009 wohnt und arbeitet er in Zürich und dreht Werbefilme und freie Dokumentarfilme.

www.marcbachmann.com

Für finanzielle Unterstützung danken der Verlag,
die Autorin und der Fotograf

Schweizerische Gemeinnützige Gesellschaft
Pro Helvetia, Schweizer Kulturstiftung
Age-Stiftung
Walder Stiftung
Evangelisch-reformierte Landeskirche des Kantons Zürich
ABZ Allgemeine Wohnbaugenossenschaft
SP 60+ Stadt und Kanton Zürich
Vreni Hubmann
Villiger Söhne AG
Richard Grell

Im Internet
› Informationen zu Autorinnen und Autoren
› Hinweise auf Veranstaltungen
› Links zu Rezensionen, Podcasts und Fernsehbeiträgen
› Schreiben Sie uns Ihre Meinung zu einem Buch
› Abonnieren Sie unsere Newsletter zu Veranstaltungen
und Neuerscheinungen
www.limmatverlag.ch

Das *wandelbare Verlagsjahreslogo* auf Seite 1 zeigt Kekinowin-Zeichen
der nordamerikanischen Ojibwa-Indianer. Die Ideogramme sind mit einem
gewissen Gut an Gedanken und Ideen verknüpft, das das gesamte kulturel-
le Leben der Indianer umfasst. Die Zeichen sind reine Gedächtnisstützen,
um viele Dinge in der Erinnerung zu bewahren und abrufen zu können wie
Überlieferungen, Zeremonien, Rituale, Gesänge, Tänze, Zaubersprüche und
dergleichen.

Der Limmat Verlag wird vom Bundesamt für Kultur mit einem
Strukturbeitrag für die Jahre 2016–2020 unterstützt.

Typographie und Umschlaggestaltung: Hanna Williamson-Koller
Lithographie: Widmer & Flury GmbH
Filmentwicklung: Cinegrell postproduction GmbH

© Fotografien Marc Bachmann, Fotografie auf Kleinbild Farbnegativfilm,
Fujifilm Superia X-Tra 400 und 800 Asa

© 2019 by Limmat Verlag, Zürich

ISBN 978-3-85791-876-6